我的第一本世界大局繪讀本

可愛動物聯合國
地緣政治
超萌圖解

超人氣歷史 YouTuber
Itsukayaru
總有一天會做社長 著
ika 繪

陳聖傑 譯

野人

地球觀 80

可愛動物聯合國
【地緣政治超萌圖解】
我的第一本世界大局繪讀本

作　　者　總有一天會做社長
繪　　者　ika
譯　　者　陳聖傑

野人文化股份有限公司
社　　長　張瑩瑩
總 編 輯　蔡麗真
副 主 編　徐子涵
責任編輯　余文馨
校　　對　魏秋綢
行銷經理　林麗紅
行銷企畫　蔡逸萱、李映柔
封面設計　周家瑤
美術設計　洪素貞

出　　版　野人文化股份有限公司
發　　行　遠足文化事業股份有限公司 (讀書共和國出版集團)
　　　　　地址：231 新北市新店區民權路 108-2 號 9 樓
　　　　　電話：(02) 2218-1417　傳真：(02) 8667-1065
　　　　　電子信箱：service@bookrep.com.tw
　　　　　網址：www.bookrep.com.tw
　　　　　郵撥帳號：19504465 遠足文化事業股份有限公司
　　　　　客服專線：0800-221-029
法律顧問　華洋法律事務所　蘇文生律師
印　　製　凱林彩印股份有限公司
初版首刷　2023 年 08 月

ISBN 978-986-384-893-6（平裝）
ISBN 978-986-384-894-3（EPUB）
ISBN 978-986-384-895-0（PDF）

國家圖書館出版品預行編目（CIP）資料

可愛動物聯合國（地緣政治超萌圖解）：
我的第一本世界大局繪讀本 / 總有一天會
做社長作；ika 繪；陳聖傑譯 .-- 初版 .--
新北市：野人文化股份有限公司出版：遠
足文化事業股份有限公司發行, 2023.08
面；　公分 . -- (地球觀；80)
ISBN 978-986-384-893-6(平裝)

1.CST: 地緣政治 2.CST: 通俗作品

571.15　　　　　　　　　　112011203

90MAI NO ILLUST DE SEKAI GA WAKARU
HAJIMETE NO CHISEIGAKU
Copyright © Tsukayarushacho 2022
Chinese translation rights in complex characters
arranged with ASUKA SHINSHA, INC.
through Japan UNI Agency, Inc., Tokyo and AMANN
CO., LTD., Taipei

可愛動物聯合國

野人文化
官方網頁

野人文化
讀者回函

線上讀者回函專用
QR CODE，你的寶
貴意見，將是我們
進步的最大動力。

我的第一本世界大局繪讀本

可愛動物聯合國
地緣政治
超萌圖解

作者的話

地緣政治學 是用來觀察世界 超級便利的工具

你是否曾經有這樣的想法？
每天看新聞、報章雜誌、網路上流傳的資訊，感覺「世界正在發生很大的事件和戰爭，雖然知道很嚴重，但是太難了，完全不知道在說什麼……」

最近，俄羅斯侵略烏克蘭；中國宣傳：「台灣是中國的一部分！」並在台灣周圍實施軍事演習；日本也出現修憲的討論，美國則和許多國家時而對立，時而友好……為什麼會發生這些事？
世界上國與國的關係越來越複雜，今後要怎麼做才能維持和平？
「地緣政治學」是解決這些問題非常有用的工具。

雖然時代改變， 但地理條件不變

世界上有許多國家，裡面住著各式各樣的人，每個人的想法也各不相同。
但是，任何國家都有一個絕對不變的前提，那就是「地理條件」。
例如，日本是一個四面環海的國家，這個條件是不可能改變的。同樣地，世界各國也無法擺脫各自的地理條件。這就是為什麼每個國家在政治和戰爭中總是會將地理條件列入考量。
地緣政治學，就是透過地理條件，了解一個國家的政策和軍事動向以及這些動向的目的，進一步預測未來可能發生的事情，並採取應對措施的學問。

從美國、中國、日本、俄羅斯的角度解讀世界

本書將從美國、中國、日本、俄羅斯等國家的角度來看世界，介紹這些國家的歷史、地理環境，以及當今各國在國際社會所處的狀況。

透過了解這幾個與我們關係密切的國家的想法和策略，即使是初學者也能大致掌握世界的動向，對各國的想法和行動也能有更深的了解。

歷史＋地理＋政治經濟和時事融會貫通

此外，由於地緣政治學涉及國家的歷史背景和地理，因此可以同時學習到這個國家的歷史、起源、居民的性格、國家的地理條件以及和其他國家是如何相處的。

也就是說，只要有地緣政治學，就能一口氣學到小學和國中時分別學習的歷史、地理、政治、經濟、時事等等。從2022年開始，日本的高中課程將日本史和世界史合併為了解近現代的「綜合歷史」，地理也改成「綜合地理」，公民則是改為學習世界政治與思想的「公共」科。從前「社會」科所學習的內容，整體上變成與地緣政治相關的內容。

享受樂趣的同時
也了解世界

與這些新課程相對應的地緣
政治學，說是今後必學的學
問也不為過。無論是小學、
國中、高中、大學、剛踏入
職場的新鮮人或是家長，地
緣政治學都可以成為各世代
廣泛使用的工具。
如果這本書能夠作為學習地
緣政治學的入門書之一的
話，我會非常高興的。
歷史和國際形勢並不複雜，
讓我們邊享受樂趣邊學習新
知識吧！

2022 年 11 月
歷史系 YouTuber
總有一天會做社長

*本書中出現 ♀ 符號前的
「地緣政治用語」都能在
P.225的〈名詞索引〉單元
找到更詳細的解說。
例如：P.27制海權 ♀ 於
P.231八劃處有名詞解說。

前言

地緣政治學

到底是什麼

地緣政治學
是從一張地圖
思考「國家與世界」
互動關係的學問

一門教你
如何保衛自己國家的學問

你聽過「地緣政治學」嗎？
這是一門從19世紀發展到20世紀，
「分析自己居住的國家在地理上的
優勢與劣勢，並思考如何保衛國家以及
擬定軍事戰略」的學問。
雖然聽起來好像有點困難，但其實只要有一張世界
地圖就能簡單理解，是一門十分單純的學問。

從地圖上看出各國的「優勢」與「劣勢」

日本是四面環海的島國。因為周圍都是海，他國若要進攻就必須越過海洋，因此致力於守衛海洋才是正確的選擇。相反地，位於內陸的俄羅斯和中國，因為與許多國家相鄰，為了不讓敵人直接進攻，應該集中力量保護陸地。地緣政治學就是像這樣利用地圖來說明國家特徵以及國家之間關係的學問。

了解地緣政治學，就能看懂「世界局勢」

想要了解世界局勢，地緣政治學就很有用。看新聞時，會發現世界上每天發生各式各樣的事情，這也和「地理條件」有很大的關係。如果透過地緣政治學來觀察這些事件，就能立刻明白「為什麼會發生這起事件？」「要怎麼做才能解決？」接下來讓我們來了解一下簡單易懂又實用的地緣政治學吧！

如果世界是個

德國

德國出於對第二次世界大戰戰敗的反省，不斷地對世界做出貢獻，這勤奮的個性使它成為實力頂尖的國家。不過，它過於重視理性的性格也導致行動時過度謹慎而猶豫不決。

俄羅斯

討厭受到攻擊，因此總想先下手為強打倒敵人，而這種心態卻導致無法挽回的後果，也讓它在過去經歷垮台……俄羅斯目前仍以成為最強國為目標，但這條路還十分遙遠。

中國

世界上屈指可數的有錢國家，過去曾是最強國家，現在則是向美國挑戰，並為了能在世界各地結交朋友而四處奔波。中國雖然是強大的國家，但實際上國內存在著許多問題。

法國

想說什麼就說什麼的性格使它經常與其他國家發生糾紛。儘管愛發牢騷，但最終都能理解他國的想法。

北韓

心想「只要有核武，就能做任何事！」的超級貧窮國家。最討厭被其他國家看輕，沒有錢卻一味地想要製造核武，最終導致國家越來越貧困。

可愛動物聯合國？

美國

受到許多國家的敬重，也被許多國家厭惡。美國長期以來都是最強的國家，但是最近影響力逐漸減弱，內心十分焦急。

英國

自稱「紳士」的強國之一。若出現敵國，就會煽動與敵國關係不好的國家發動戰爭，在過去曾經以這樣的方法登上世界最強的寶座。

日本

容易受他國的言行影響而馬上改變態度。過去不管什麼事都仰賴美國，但最近意識到再這樣下去就危險了，因此正以變強為目標奮鬥著。

南韓

夾在大國之間，並在歷史上多次被他國占領的悲劇之國。原本和北韓是一家人，現在與世界各國的關係良好，正逐漸增強自己的國力。

印度

實際上是一個非常有實力的國家，既聰明又善於戰鬥，是名符其實全能型的國家。因此，許多國家都想和印度成為夥伴，但印度目前還是想保持中立。

丹麥
（格陵蘭島）

冰島

挪威

芬蘭

瑞典

波羅的海三國　（愛沙尼亞、拉脫維亞、立陶宛）

白俄羅斯

烏克蘭

英國

德國

波蘭

法國

義大利

土耳其

以色列

伊拉克

伊朗

UAE
（阿拉伯聯合大公國）

沙烏地阿拉伯

衣索比亞

索馬利亞

俄羅斯

中國

印度

北韓

南韓

台灣

越南

菲律賓

馬來西亞

澳洲

加拿大

美國

日本

可愛動物聯合國

世界地圖

地緣政治學曾經是被禁止的學問？

第二次世界大戰後一直被禁止的研究

地緣政治學在19世紀傳入日本，直到第二次世界大戰結束前一直受到研究。

但是，在日本戰敗後，統治日本的美國認為：「地緣政治學是一門與戰爭直接相關的學問，如果繼續研究地緣政治，日本有可能再次發動戰爭……很危險！」因此解僱了日本的地緣政治學家。

此後，日本國內也出現了不去思考戰爭相關事情的潮流，地緣政治學的研究直到最近一直都受到禁止。

了解世界以及維護和平的方法

隨著科技發展，今後的戰爭將會變得更加複雜。

透過本書了解地緣政治，或多或少也能了解世界上發生的事情，如果還能讓大家對「怎麼做才能維護世界和平？」產生興趣的話就太好了。

正因為是洞悉戰爭的學問，才有助於「避免戰爭」

到了現代，因為觀念改變，人們開始認為「地緣政治學不僅能用於戰爭，更是為了理解世界各國動向所必須學習的學問」，因此地緣政治學才再次受到人們的關注。

地緣政治學確實是一門思考國防和戰略的學問，因此不可否認它有可能引發戰爭。但是，因為討厭戰爭而不思考、不去了解戰爭，不是反而更危險嗎？

正因為戰爭絕不能重演，為了防止戰爭發生，就應該懂得「為什麼會發生戰爭？」，也就是「導致戰爭的機制」。

為了和平，我們一起學習地緣政治學吧！

目次

第**2**章
中國的地緣政治

卷末
附錄

地緣政治用語大解析！名詞索引

序章

地緣政治學
的基本知識

大家看新聞時，對於各個國家的各種行動和言論，
有時候也會冒出「爲什麼」的疑問吧！
在這一章，讓我們一起以地緣政治的基本思考方式
來解決這個疑問吧！

國家不同，
人民也各不相同

01

每個國家都有各自的地理位置

世界上有許多國家，國家的形態也各不相同。既有像日本一樣四面環海的島國，也有四周環陸的內陸國家，還有像中國那樣既面向陸地又臨海的國家，以及像南韓和北韓一樣從內陸向海洋突出的半島國家。

好熱啊！天天下雨……
因應不同環境而改變的生活

不只地形，氣候和環境也隨國家不同而有所變化。有炎熱的國家，也有寒冷的國家；有多雨的國家，也有少雨的國家……
寒冷的國家進化為能夠抵禦寒冷，而多雨的國家則進化為能利用雨水生活，住在不同國家的人因而演變出各式各樣的生活樣貌。

不能全盤否定想法不同的人的意見

若環境不同，生活方式也會隨之改變；而生活方式不同，思考問題的方式也自然會有很大的變化。就像我們有時也會對其他國家的行為和想法感到「好奇怪」，對吧？
這種時候，有些人會執著於自己的生活方式和意見，並且瞧不起其他國家。令人遺憾的是，即使是成年人，也有人認為「只有自己是正確的」。有自己國家的思考方式是好事，但其他國家也有他們的想法，請記住「有些人的想法與我們不同」這一點，這在觀察世界動向時超級重要。

拿下
海洋和天空吧！

02

支配海洋，更有戰爭優勢！

你們聽過「**制海權**♀」這個名詞嗎？這個詞是指「隨心所欲控制海洋的權力」。

當與他國發生衝突時，如果能將自己國家的海軍推進到對方國家附近的話，對戰爭是非常有利的。如此一來既可以從海上攻擊，也能封鎖對方周圍的海域，並阻止對方使用船運送士兵、食物和武器，所以在戰爭中獲得制海權十分重要。

掌握天空的國家最強！

在另一方面，控制天空的狀態稱為「得到**制空權**♀」這個名詞是由美國軍人**威廉・米切爾**♀所提出，指的是「戰鬥機可以隨意飛向他國上空的權力」。不只海洋，如果還能得到使用天空的權力，在軍事上就更有優勢。只要掌握制空權，就能從空中摧毀敵方的基地，而且，在空中不容易受到來自陸地的反擊，因此士兵和物品都能安全、快速地運送。

現代戰爭，
就是海洋和天空的爭奪戰？

實際上，**第一次世界大戰**♀以後的戰爭，幾乎都是爭奪「海洋與天空權力」的戰爭，兩個國家的軍隊為了不讓對方奪取制海權與制空權而拼死戰鬥。即使在沒有戰爭的時候，掌握海洋和天空的權力對於保衛國家也是非常重要的。因此，每個國家都時時刻刻地小心防範他國的船和飛機進入自己國家的海域與空域。

陸權

有鄰國的話，陸地之力就會增強

用「陸地之力」思考戰略的國家

地緣政治學中有一個基本的詞彙：「**陸權國家**⚲」。陸權顧名思義就是「陸地（land）上的權力（power）」，陸權國家指的是位在廣闊的歐亞大陸上，以陸地為核心進行經濟和軍事規劃的國家，由150年前英國地理學家**哈爾福德・約翰・麥金德**⚲所提出。俄羅斯、中國、法國、德國等國主要被歸類為「陸權國家」。

陸權國家的陸軍實力都很堅強

陸權國家最大的特徵是「自己的國家和鄰國的領土相連」。以俄羅斯為例，從地圖上來看，俄羅斯和許多國家相連，所以假如俄羅斯想要擴大自己的領土，或是資源和食物耗盡時，它就會向鄰國進攻，奪取資源。領土相連的國家必須保護自己國家不受攻擊，因此需要在國與國之間的邊界（國界）設置軍隊。無論是進攻或防守，陸軍的力量都不可或缺，因此陸權國家的陸軍實力都很堅強。

與陸地相關的「鐵道」和「農業」具有優勢

因為陸權國家的經濟和貿易活動都是以陸地為中心，所以建造鐵路和建築物的實力也不容小覷。因為這些國家大多以陸地上的交流為主，所以也有「擅長農業和礦工業」的特徵。這些都是以陸地而非海洋為中心發展出的生活方式和文化。

海權

環海的國家擁有
強大的防禦能力

04

日本是海權國家

與陸權國相反的是**海權國家**♡。美國海軍兼戰略研究學者**阿爾弗雷德·賽耶·馬漢**♡所提出的「海權」概念，是以「海洋之力」為特徵，與陸地之力相反，指的是「以海洋為中心進行貿易和軍事規劃的國家」。像是日本、英國、美國等漂浮在海上的島國和受大海環繞的國家就是海權國家。

環海的國家很難攻破

海權國家的特徵是「環海（被海包圍）」，如果他國想要侵略海權國家，就必須乘船越洋。與平地相比，渡海侵略十分困難，風險也很大，因此海權國家被他國進攻的危險性較低。

擁有強大的海軍

海權國家在經濟和貿易方面也是以海洋為中心，例如從事漁業和使用船進行海上貿易，所以一旦海上活動受到限制就糟了，像是保命繩被切斷般危險。因此，海權國家必須努力保護周邊海域，並在國外建立基地。理所當然地，海權國家的海軍會比陸軍更強大，而為了保護廣闊的海洋，與其他海權國家合作也是一大特徵。若把世界上的國家分為**陸權國家**♡和海權國家的話，對世界局勢就會有更清楚的了解。

陸之國和海之國，哪個更強大？

05

世界上的戰鬥
多發生在「陸權國」和「海權國」之間

自古以來的大型戰爭都發生在陸權與海權之間的衝突。陸權實力第一的國家，為了謀求更多的資源和領土而出海，**海權國家** ♀ 則聯手阻止……這樣的鬥爭日復一日地上演。而現在，中國正以進軍海洋為目標，美國和日本則對此進行防守。

以地理大發現為契機，
海權國家蓬勃發展

陸權和海權根據時代的不同，有強弱之分。在造船技術尚未成熟的古代，人們都是利用陸地進行貿易，因此擁有陸地優勢的**陸權國家** ♀ 得以發展。但是，從15世紀開始，隨著歐洲造船技術進步，海上的交通（運輸）也逐漸繁榮，海權國家快速發展。**克里斯多福·哥倫布** ♀、**斐迪南·麥哲倫** ♀、**瓦斯科·達伽馬** ♀ 等人活躍的15～17世紀，稱為「**地理大發現** ♀」時期。

現代則是掌握「海權」的國家最強大！

19世紀，隨著俄羅斯和德國加強鐵路建設，陸地上也能進行像在海上的運輸，世界局勢再次轉為「陸權國家最強大」。然而，在**第二次世界大戰** ♀ 之後，由於實力堅強的美國掌握世界的海洋，因此現在則變成「海權國家最強大」的局面。今後，海權和陸權實力的強弱之分也有可能再次發生變化。

決定船舶動向，擬定保護重要地方的戰略

06

用最短的距離
前進最便利

在地緣政治學中有一個名詞叫「**海上航線** ☀」，也就是海上的交通路線，指的是船運送貨物時所經過的「海路」。

船在海上航行時，為了不消耗燃料，會盡量行駛最短的距離，因此海上航線基本上是固定的路線。

有些地方不能通行就糟了！

海上航線上，如果無法通過就會造成困擾的地點稱為「**咽喉點**」☀。咽喉點指的就是稱之為**運河** ☀ 或**海峽** ☀ 的地方。例如，從中東到日本的海上航線必須經過**荷姆茲海峽** ☀ 這個狹窄的地方，而日本國內使用的石油幾乎都是從中東購買的，因此荷姆茲海峽一旦遭到封鎖，石油將會無法輸入日本，因此咽喉點可以說是海上航線特別重要的地方，就像是對人鎖喉時會攻擊的「要害部位」。

誰能掌握咽喉點，
就能掌握世界

只要能封鎖咽喉點，船就無法前進。也就是說，一旦發生戰爭，即便無法直接攻擊對方國家，只要封鎖咽喉點，就能阻止對方國家的行動。所以世界各國為了保護這個重要的地方，擬定了各式各樣的戰略。

「難以入侵」的地方才是最強的土地

07

世界最強!!

心臟地帶最強的原因

提出「陸權」一詞的地理學家哈爾福德‧約翰‧麥金德將世界上最強大的土地命名為「心臟地帶」，取自於身體中心的「心臟」。他把歐亞大陸的中央定位為心臟地帶，這個位置上的國家就是俄羅斯。

決定心臟地帶的關鍵是「難以入侵」。俄羅斯的背後是**北極海**♀，經年結冰，所以其他國家無法動用軍艦從背後攻擊俄羅斯，因此，俄羅斯被認為是終極的安全地帶。此外，俄羅斯的資源豐富，也持續發展運輸，像這樣位在心臟地帶的國家是很難打倒的，所以哈爾福德‧麥金德認為「擁有心臟地帶的國家就能夠擁有世界」。

渴望溫暖地區的俄羅斯

雖然說心臟地帶是最強的，但其實也有缺點。心臟地帶在防守方面很強，但在進攻方面十分不利，因為俄羅斯的港口冬天會結冰，軍艦無法出海。此外，作物在寒冷的區域難以生長，所以也存在著糧食問題。因此，俄羅斯為了尋找溫暖的土地，曾經向南方發動侵略，這就是所謂的「**南下政策**♀」。雖然「北極海經年結冰，保護了俄羅斯」，但最近由於地球暖化導致北極冰層融化，船也能通過北極了，在發現新海洋航道的同時，一直號稱最強的心臟地帶觀點也有可能發生巨大變化。

邊緣地帶

「最強的土地」
周邊
常有戰爭

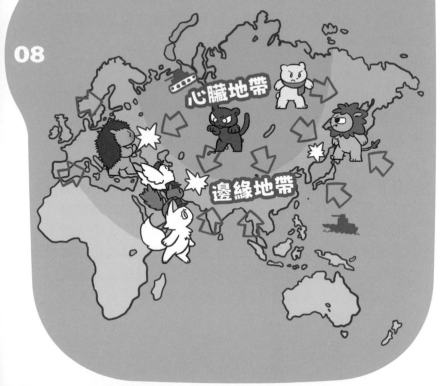

08

心臟地帶

邊緣地帶

邊緣地帶適合居住，
吸引人口聚集

說到心臟地帶時，總會順帶提到「**邊緣地帶**💡」，這是由美國學者**尼古拉斯·斯皮克曼**💡所提出的概念，指的是「在心臟地帶周圍的國家和區域」。邊緣地帶氣候溫暖，利於作物生長，非常適合人類居住，因此人口集中，眾多世界上發達的城市都位於此處。

「想得到不凍港」的俄羅斯和
不想交出海洋的海權國家

位於心臟地帶的俄羅斯為了尋找溫暖的邊緣地帶，在歷史上進行多次侵略，因為若能成功占領邊緣地帶，俄羅斯就能使用「不凍港」，也就能向海洋進軍了。一旦俄羅斯向海洋擴張，**海權國家**💡也有可能會遭受侵略，因此海權國家和邊緣地帶的國家相互合作，將俄羅斯拒之門外。

心臟地帶與邊緣地帶
之間的衝突與角力

想要得到邊緣地帶的**陸權國家**💡，和想要阻止的海權國家互相爭執，自古以來在這個地區造成不少戰爭。亞洲的**韓戰**💡和**越南戰爭**💡；中東的**伊拉克戰爭**💡和**敘利亞內戰**💡；歐洲的兩次世界大戰以及2022年**俄羅斯侵略烏克蘭**💡……至今，邊緣地帶仍不斷引發國際衝突。

世界洋

美國擁有
世界各地的海洋

09

太平洋　　　大西洋

40

擁有全球海洋的國家
是最強的！

心臟地帶是陸地上最強大的地方，而「**世界洋**♡」理論與心臟地帶的概念相對，可以說是「心臟地帶的海洋版本」，認為「掌控全球海洋的國家，才是世界上最強大的國家」。

世界洋大致分為兩大洋，指的是太平洋和大西洋。

美國正主宰著海洋

從世界地圖上可以看到，大西洋和太平洋位於心臟地帶的兩側，占據世界大部分區域。如果海軍能夠在這片世界洋上隨心所欲地採取行動，那麼也就能阻止物資運輸和海上補給。根據世界洋的概念，目前掌握全世界海洋的國家正是美國。

在海上設置「國家級」武器
以壓制心臟地帶

美國在太平洋和大西洋上設置了7支強大的艦隊，以便隨時出動。而且，這7支艦隊擁有相當於一個國家的超強軍事力量。美國透過這種方法主宰全球海洋，因此成為世界上最強大的國家。像美國這樣擁有海權的國家，雖然不能直接支配心臟地帶，但卻能透過掌握海洋來壓制心臟地帶國家（俄羅斯）的動向。

陸緣海

人人都想掌握的海上要地！

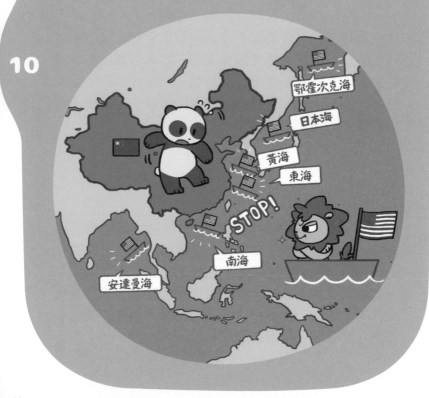

10

和陸地上的心臟地帶
有相同作用的陸緣海

之前說過，為了將**陸權國家**♀限制在心臟地帶（陸地），邊緣地帶是必要的。而**世界洋**♀中也有和**邊緣地帶**♀相同作用的地方，那就是「**陸緣海**♀」。

看看地圖，會發現俄羅斯等國家所在的歐亞大陸和日本之間是不是有一片海？這種「介於大陸和島國、半島之間」的海洋就是陸緣海。

獲得心臟地帶的第一步

說得簡單一點，陸緣海就是以「○○海」、「○○灣」命名的地方。日本周邊也有白令海、鄂霍次克海、日本海、東海、南海等。這些海域是**海權國家**♀進軍邊緣地帶的重要場所，只要能掌握陸緣海，就能在邊緣地帶擁有影響力，因此可以說「得到陸緣海＝得到邊緣地帶」。如果能掌握邊緣地帶，就能控制心臟地帶，所以對海權國家來說，陸緣海是絕對要掌握的地方。

如果陸緣海被陸權國家奪走，
反而更危險

陸緣海不僅對海權國家重要，對陸權國家來說也十分重要。「掌握陸緣海，就等於掌握邊緣地帶」，因此從陸權國家的角度來看，只要「奪取陸緣海，就能進軍世界洋」。近年來，中國試圖向南海等陸緣海海域擴張，其實目標正是得到世界洋。

夾在大國與大國之間，令人提心吊膽

11

包夾在大國之間，令人擔憂的「緩衝區」

在地緣政治學中經常出現「**緩衝區**🔍」這個詞，你們知道是什麼嗎？這些國家和區域也稱為「緩衝地帶」，簡單來說，「緩衝區」就是「夾在大國之間的國家」。

位於「緩衝區」的國家易成為「大國的盾牌」

對大國來說，「緩衝區」具有重大的意義。例如，大國之間發生戰爭時，如果把中間的國家設為緩衝區，當敵國進攻時，就能在緩衝區控制對方，使自己的國家不會直接受到攻擊，以減輕傷害。因此，大國會支配位於緩衝地帶的國家來防禦敵人的攻擊。但是，敵國也抱持著相同的想法，想將緩衝區占為己有，所以緩衝區不可避免地具有容易發生衝突的特徵。

朝鮮半島是現代的緩衝區

看看我們的周圍，有一個堪稱「現代緩衝區」的地方，那就是北韓和南韓所在的朝鮮半島。北韓與中國和俄羅斯合作，南韓則和他們的競爭對手美國合作，也就是說，作為競爭對手的大國美國和中國、俄羅斯都認為「朝鮮半島＝緩衝區」。因此，南韓和北韓的關係一直以來並不和睦。

最強的土地
也有弱點

北方心臟地帶

南方心臟地帶

阿拉伯半島

非洲是「南方的心臟地帶」

雖然前面提到心臟地帶的代表是「堅不可摧的俄羅斯」，但實際上還有一個心臟地帶，那就是在世界另一側的非洲。俄羅斯一般稱為「北方的心臟地帶」，而非洲則是「南方的心臟地帶」。非洲有幾個特點：①與北方的心臟地帶相連；②資源豐富、環海，條件與北方的心臟地帶相近，以「南方的心臟地帶」稱呼非洲再適合不過了。

心臟地帶也有弱點

當南北各有心臟地帶，最強的心臟地帶之間就出現了弱點，那就是在兩個心臟地帶中心的阿拉伯半島。這個區域不僅連結俄羅斯與非洲，更是連接亞洲、歐洲連結世界的十字路口，阿拉伯半島自古以來就是陸路貿易的中心，對兩個心臟地帶也是十分重要的地區，若能掌握阿拉伯半島，就能阻止俄羅斯的擴張。

大國覬覦的耶路撒冷

目前由以色列統治，多個宗教的**聖地耶路撒冷**♀，是連結俄羅斯和非洲的唯一陸路通道。正因為耶路撒冷如此重要，大國們想方設法地干涉此地，這個地區也因此非常容易發生紛爭。中東地區之所以發生許多衝突，宗教上的原因就不必多說，這個地區在地緣政治上極為重要也是原因。

到這邊，地緣政治學的基礎知識大致解說完了！接下來，讓我們來看看各國的地緣政治關係吧！

第 1 章

美國的
地緣政治

說起現代和日本關係友好的國家，
也許很多人會想到美國吧？
實際上，美國在經濟和國家安全方面與日本有密切的合作
關係。讓我們來看看美國的特徵和它心中在想些什麼吧！

美 國

【國土】983萬3517平方公里

【首都】華盛頓D.C.

【人口】3億3966萬人

【官方語言】英語

【貨幣】美元

受到許多國家的敬重，也被許多國家厭惡。美國一直以來都是最強的國家，但是最近影響力逐漸減弱，內心十分焦急。

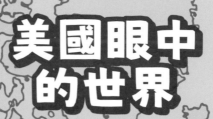

美國眼中的世界

和NATO（北約組織）
和睦相處，
遏制俄羅斯

隨時
監視著
太平洋

美國

處於難以入侵的
地理位置

 大西洋

夏威夷（美國）

世界的海洋

驅逐印地安人，建立移民國家

13

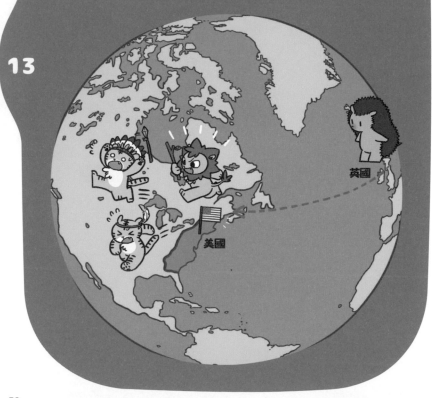

移民之國：美國

美國是一個「**多民族國家**⃝」，許多移民從世界各地移居至此生活。最初的移民是在17世紀時被英國從國內趕走、試圖改革基督教的**清教徒**⃝，於是他們移居至現在的美國，建立起適合自己生活的國家。

獨立後的美國，從13州開始

一開始，美國受到歐洲各國支配，但它心想「我們要建立自己的國家！」並在**獨立戰爭**⃝中擊敗英國，取得當時英國統治的東海岸13州，於1776年正式獨立。美國從一小塊土地開始，一邊從歐洲各國手上購買土地，或是透過戰爭奪取土地，一邊向西開拓。美國向西開拓國土的過程稱為**西進運動**⃝。

迫使歐洲撤退，進一步增強實力

在西進運動的時代，美國以受到「神賦予的天命」之名趕走當地原住民印第安人，以此擴大自己的國土。接著，美國第5任總統**詹姆斯・門羅**⃝發表**門羅宣言**⃝，呼籲「美國和歐洲互不干涉」。由於歐洲各國認為跨海進攻美國並不容易，因此放棄進攻美國，美國得以不斷蓄積力量。

統治全球海洋，成為最強大的國家

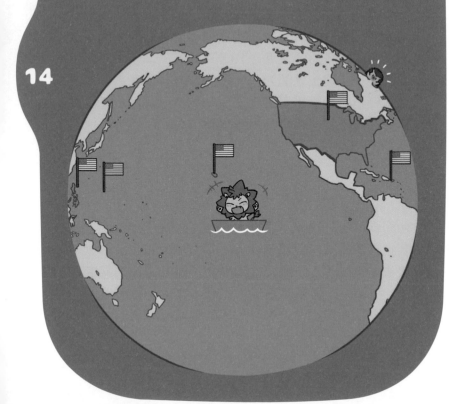

14

為獲得強大力量，
向海洋進軍！

美國免於歐洲攻擊，穩健地整頓國家，終於在1890年完成西部開拓，並宣布完成「**消滅邊疆**♀」，成為現在國土遼闊的美國。但是美國的崛起沒有就此結束，它仍然思考著如何讓國家更加強大，並將注意力轉向「統治海洋」。在西進運動時期，美國從**陸權國家**♀轉變為**海權國家**♀，開始進軍海洋。

奪取太平洋上的島嶼，
成為世界上最大的海權國家

如果每次向海洋進軍都得從美國派船出海，就需要花費大量的時間和金錢，因此，美國決定將浮在海上的島嶼作為據點。首先，美國先讓大量美國人居住在太平洋正中央的夏威夷，奪取夏威夷後，又在與西班牙的戰爭中取得勝利，獲得波多黎各、關島、菲律賓，這些地方成為美國在海上的據點，美國因此成為世界上最大的海權國家。

在世界大戰中損失輕微，
成為世界最強國家

與經歷過兩次世界大戰蹂躪的歐洲國家不同，美國本土不曾變成戰場，而是毫髮無傷地結束戰爭。因此，兩次世界大戰結束後的美國得以成為世界上最強的國家，現在也持續主宰全球海洋，穩坐最強的寶座。

美國四面環海的優勢

難以進攻
易於合作

美國的地理位置
不易受到攻擊

美國夾在加拿大與墨西哥的中間，容易被認為是「陸權國家」，但美國其實也位在太平洋和大西洋之間，是可以自由進出這兩大洋的**海權國家**♀，而**陸權國家**♀想要跨海進攻美國是非常困難的。所以，美國自建國以來，除了與英國的戰爭（**美國獨立戰爭**♀）以外，國土從未受到他國入侵。

在世界上擁有超過600個的基地

美國因為有海洋這個天然屏障的保護，地理位置十分有利，實力也逐步增強，最終成為世界上最強大的國家。據說美國在世界上擁有超過600多個能夠自由利用的基地，即使說美國「擁有全世界的海洋」也實不為過。

最強的國家也為
中東地區紛爭大傷腦筋

1900年代中期到末期，美國和蘇聯的勢力最強大，彼此互相對立。這種沒有發展成戰爭卻影響周邊國家的對峙，稱為**冷戰**♀。為了不讓競爭對手俄羅斯（前蘇聯）和中國變得比自己更強大，美國在亞洲、中東地區、歐洲建立基地監視對手，一旦對方有動靜就採取應對措施。但是美國也為了監視俄羅斯和中國，因而干預中東地區的宗教和民族問題，為此捲入紛爭而大傷腦筋。；

實力對等，
世界局勢穩定

權力相當就不會引發戰爭

在美國的戰略中，有一個詞語「**權力平衡**❓」，指的是透過「維持交戰雙方權力關係」來避免戰爭。雖然國與國衝突時，在實力對等的情況下，看似有可能發展成戰爭。但現代戰爭中，各國只會向絕對能贏的對手發動攻擊，所以，只要維持彼此的力量相當，讓各國想出手卻無法做到，就能保持世界局勢穩定。

冷戰時期維持平衡的
蘇聯和美國

在蘇聯和美國爭鬥的**冷戰**❓時期，兩國將全世界各國納入各自的陣營，維持雙方的權力關係，因此當時美國和蘇聯並沒有直接發生衝突。現代也有所謂的「**威懾理論**❓」，認為「因為全球已開發國家都擁有具破壞力的核武，所以世界才能維持和平」。這個理論也造成世界上出現像北韓這樣令人困擾的國家，誤認為「只要擁有核武，就能與世界各國處於對等立場」。

權力失衡時該怎麼辦？

「權力平衡」也有缺點，那就是當競爭勢力中的一方衰弱時就無法維持平衡，而另一方則會變得更強大。如此一來，別說是阻止戰爭了，反而更容易發展成爭奪最強寶座的戰爭。為了防止這種情況發生，世界最強的美國就採取了一種戰略……

維護和平的
「世界警察」

蘇聯解體後，
美國成為「世界警察」

我們在第15小節中介紹過，美國在世界各地建立美軍基地，主要目的是為了阻止最大競爭對手蘇聯的行動。1991年蘇聯解體，當初美國為了對抗蘇聯所建立的基地，現在已經不再需要了。然而，美國認為「也許競爭對手又會再出現……」因此以「維護世界和平」為理由，將基地保留下來。從那時起，美國開始以世界警察自居，這一舉動也可說是美國用國力來保護世界，所以又稱為「**美利堅和平**」♀。

美國日漸衰弱，
無法管理世界

正因為如此，有很長一段時間，沒有一個國家敢與美國對抗。但是到了2000年代，美國接連發生**九一一事件**♀、**伊拉克戰爭**♀的失敗、**雷曼兄弟事件**♀，負面影響持續不斷，美國國內事務和經濟都一落千丈，無法集中精力處理外國事務，於是在歐巴馬總統任期內宣告「美國不再是世界警察」。

這句「簡單的話」，讓世界產生巨大的變化。美國的競爭對手中國和俄羅斯等國開始積極對抗美國，中東地區的伊斯蘭國恐怖活動也逐漸活躍起來。

美國現在雖然致力於恢復世界警察的身分，但能否阻止這些競爭對手，還是要看現任總統**拜登**♀的行動。

放棄當世界警察的美國，趁虛而入的中國

18

尖閣諸島
（釣魚台列嶼）

中國擁有強大力量，成為美國的競爭對手

由於蘇聯解體，美國暫時處於獨領風騷的狀態，但在2000年代左右，強大的對手出現了，那就是中國。中國曾經無力戰勝世界最強的美國，一看到美國表現強勢時就退縮，但是最大的機會卻降臨在它身上。

目標是美國控制的海洋

這個機會，就是2013年歐巴馬總統宣布「美國不再是世界警察」。這番話讓中國認為：「美國衰弱，機會來了！」並一鼓作氣展開行動。

例如，中國將尖閣諸島（台灣稱為**釣魚台列嶼**💡）劃入自己的**防空識別區**💡、開始大力建設**南海人工島礁**💡等，趁美國衰弱的時機採取各式各樣的行動。

即使受到威脅中國也視若無睹

對於中國的行動，美國刻意派出轟炸機在中國的防空識別區上飛行，還派遣美軍艦艇進出中國聲稱「屬於自己」的南海（**航行自由作戰**💡），試圖用無言的壓力表示「我們不會服從中國的決定」以壓制中國。但擁有力量的中國似乎沒有打退堂鼓的跡象，今後有必要對中國的行動更加警戒。

對抗中國的策略

增強
日本、韓國、台灣
的實力！

19

防範日益強大的中國

美國現任的拜登政府也對中國相當警惕。美國在與日本討論外交與國防的論壇上（**日美安全保障協議委員會 (2+2)** ♀），也如此公開指名譴責：「中國對包含尖閣諸島（**釣魚台列嶼**♀）的東海、南海地區和台灣採取攻擊性的行動。」前面也提到，美國這番強硬發言是希望能讓中國知難而退，但是現在看來，中國似乎沒有那麼容易打退堂鼓。

與日韓和睦相處，以對抗中國

美國本來就不想和中國開戰，因為戰爭需要花費大量的金錢和時間。而且，現在的美國也沒有餘裕開戰，因此希望不要通過戰爭打倒中國，而是透過外交的力量來阻止中國擴張。為了實現這個目標，美國採取增強日本、台灣、韓國的實力來對中國施加壓力的方法。尤其台灣在地理位置上形成阻礙中國出海的「屏障」，如果台灣變強的話，中國也就不會輕易地對它出手了。

台灣也是日本的生命線

上述雖然是以美國的角度來說明，但阻止中國的行動對於日本來說也很重要。

如果台灣成為中國的一部分，對於距離台灣很近的日本肯定也會產生巨大的影響。雖然此刻拜登總統還能與中國進行強硬的談判，但是如果台灣和日本的**防線**♀崩潰，美國的政策可能也必須有所改變。

美國的地緣政治

北約組織軍隊
對抗俄羅斯

20

俄羅斯

法國

義大利

土耳其　英國　美國

NATO（北約組織）

第一名之間的冷戰

在了解美國對抗俄羅斯的戰略之前，讓我們先認識一下冷戰。冷戰是**第二次世界大戰** 後，在美國與蘇聯（現俄羅斯）之間發生的戰爭。雖然稱為戰爭，但並沒有實際開戰。因為美、蘇雙方都擁有核武，如果發生核戰將會毀滅地球，所以只能透過直接開戰以外的方法互相對抗，例如雙方各自支援對方的競爭對手，並使之代替自己戰鬥，也就是「**代理人戰爭** 」，以及進行飛彈、火箭、戰鬥機等技術開發的競爭「太空競賽」，都成為冷戰中的對抗方式之一。

為了免受蘇聯威脅而建立北約組織

「**北大西洋公約組織（NATO，簡稱北約）** 」是在冷戰時期創建並保留至今的組織。北約組織是以歐洲和美國為中心建立的軍事同盟，目的在保護成員國免遭蘇聯的侵略。若蘇聯攻擊北約成員，就會遭受美國和其他成員國的攻擊，造成兩敗俱傷，因此不管彼此關係多麼惡劣，蘇聯都不會對北約組織成員國出手。

冷戰後也持續對俄羅斯施加壓力

北約組織為了遏制俄羅斯，實施了各式各樣的政策。特別是在**冷戰** 結束之後，將一部分原本屬於蘇聯的獨立國家納入北約組織，成為俄羅斯與歐洲之間的「屏障」。北約也在俄羅斯附近設置基地向俄羅斯施壓，成為**俄羅斯侵略烏克蘭** 的契機之一。在下一小節會有更詳細的說明。

阻擋俄羅斯的「屏障」：波蘭

21

俄羅斯

波蘭

與俄羅斯、白俄羅斯的
正面交鋒

美國為了壓制俄羅斯的行動而協防波蘭。看看地圖，波蘭位於白俄羅斯旁邊，對吧？白俄羅斯曾經是蘇聯的一部分，現任總統又與俄羅斯關係非常好，所以俄羅斯透過陸路進攻歐洲時，白俄羅斯站在俄羅斯這一邊的機率很高。因此，波蘭也可說是「與俄羅斯為鄰」。

波蘭在地緣政治上的重要性

波蘭是連接俄羅斯和歐洲之間的橋梁，在地緣政治上非常重要。**第二次世界大戰**♀時，波蘭曾遭到蘇聯和德國同時侵略，這是因為波蘭夾在競爭對手蘇聯和德國之間，成為兩國進攻對方時的「通道」。時至今日，波蘭仍然是地緣政治學上的關鍵地點。因此，俄羅斯的競爭對手**北約組織**♀將波蘭加入自己的陣營，並加強波蘭的防禦能力，藉此讓波蘭成為防止俄羅斯入侵歐洲的「屏障」。

親俄的白俄羅斯
也發生變化

2020年，白俄羅斯總統遭到國民抗議，也有人要求他「辭去總統職位」。有人認為，若北約組織能介入白俄羅斯，就能進一步封鎖俄羅斯的行動。但是，俄羅斯卻透過入侵烏克蘭，讓各國清楚地了解到它們不會允許這種情況發生。

兩大國都想贏得土耳其支持

俄羅斯

克里米亞半島

黑海

土耳其

22

涉足黑海的俄羅斯

另一個美國非常重視的國家則是土耳其。看看前一頁的地圖，土耳其與俄羅斯僅隔著黑海這一小片海域。2014年發生「**克里米亞危機**♀」，俄羅斯將烏克蘭的克里米亞半島占為己有。如此一來，俄羅斯就可以自由使用在黑海擁有基地的**黑海艦隊**♀，而這也是緊鄰黑海的土耳其如此重要的原因。

雖然土耳其加入了北約組織……

土耳其不僅可以監控俄羅斯通往地中海的路線，同時也跟美國在中東地區的競爭對手伊朗是鄰國，是十分重要的國家。土耳其在成為**北約組織**♀成員國後面臨各種無理的要求，而現任總統艾爾多安繼任後，它與各國的關係則變得撲朔迷離。於是，俄羅斯就在此時介入了土耳其與北約國家惡化的關係。

逼近土耳其的俄羅斯

俄羅斯試圖透過各種方法與土耳其建立友好關係，那麼這真的奏效了嗎？其實，土耳其確實正在漸漸向俄羅斯靠攏，例如它開始在國內部署俄羅斯製造的飛彈，除了北約組織外也加入以俄羅斯和中國為中心的**SCO（上海合作組織）**♀。由於土耳其對俄羅斯的警戒開始鬆懈，北約組織對俄羅斯的包圍網也出現大漏洞。今後，拜登總統要如何修補兩國的關係，將會是一大課題。

美國的利己主義激怒伊朗

23

伊朗國民

穆罕默德－
李查·巴勒維
（伊朗國王）

「最討厭美國」的國家：伊朗

在美國監視下的中東地區，有一個非常討厭美國的國家——伊朗。

第二次世界大戰♀後，美國在中東地區設立許多基地，目的有兩個，一是防止競爭對手蘇聯（現俄羅斯）進入中東地區，二是將沉睡在中東地區的石油和天然氣占為己有。但也因為如此，伊朗和美國的關係變得十分惡劣。

利用伊朗的親美派國王，結果……

伊朗前國王**穆罕默德－李查・巴勒維國王**♀非常喜歡美國。美國利用這位國王，從伊朗獲得大量石油，並封鎖了蘇聯的行動。不僅如此，美國還試圖推翻伊朗獨有的文化，將伊朗變成和美國一樣的國家（**白色革命**）♀。此一舉動激怒了伊朗國民，因此爆發由伊朗宗教學家**魯霍拉・穆薩維・何梅尼**♀主導的**伊朗伊斯蘭革命**♀，最終導致伊朗廢除君主制。

隨著呼籲將美國勢力逐出伊朗的抗議活動日益活躍，伊朗與美國的關係也徹底惡化。而兩國之間的衝突，根本原因其實是由美國自己一手造成的。

與周邊國家結盟，封鎖伊朗

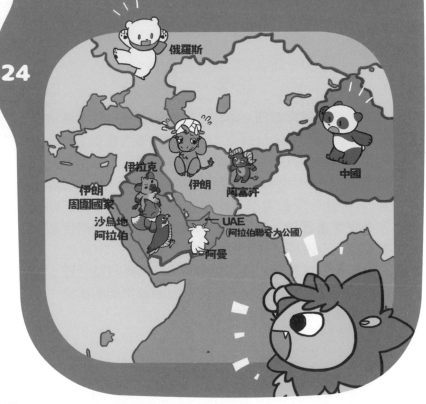

俄羅斯

中國

伊拉克

伊朗

阿富汗

伊朗
周圍國家

沙烏地
阿拉伯

UAE
（阿拉伯聯合大公國）

阿曼

24

孤立伊朗的封鎖作戰

美國在與伊朗交惡後，心想「從地緣政治學的角度來看，無論如何都想將中東地區占為己有」，因此決定拉攏伊朗周圍的國家，在伊朗周邊形成包圍網。

這個包圍網以過去曾發生宗教和外交紛爭的阿拉伯為中心，還包含阿曼、卡達、UAE（阿拉伯聯合大公國）、伊拉克、以色列、阿富汗等國家。從地圖上看來，這些國家圍繞著伊朗，而被包圍的伊朗因此無法隨心所欲地行動。此外，自從美國對伊朗實施經濟制裁後，伊朗在財政上也陷入困境。

能源問題獲得解決，國際對中東失去興趣

到了2000年代，美國發生頁岩氣革命♀（詳見下一小節），至此，美國對中東石油的依賴降低，而隨著主要目的之一的能源問題解決，美國對中東地區的關心也逐漸減少，這也是駐阿富汗美軍撤離的原因之一。

想收手又擔心競爭對手的舉動，美國左右為難

但是，中國和俄羅斯似乎想利用美國與伊朗間的嫌隙，趁機向伊朗靠攏。美國雖然想退出中東地區，但為了阻止競爭對手擴張，只能繼續在該地區布局，觀察競爭對手的動向……中東問題儼然成為美國干預過多後造成的煩惱。

美國發現新能源，對中東地區失去興趣

25

能源問題的救星：頁岩氣

你們聽過頁岩氣嗎？這項資源的出現，成為一口氣解決美國近年能源問題的契機。地底埋藏著許多石油與天然氣，一般都是用機械從地面開採，而要從地底深處名為「頁岩層」的地方開採能源十分困難，即便已知這個地方有石油和天然氣，也無法採掘。但是，美國發明出新技術，於是從 2000 年代後期以來，人類開始利用新技術開採沉睡在頁岩層的能源，這個技術革新就是「**頁岩氣革命**💡」

因頁岩氣而喜形於色的美國

頁岩氣革命後，最高興的當然是美國。過去，中東地區一直都是世界第一的石油產地，然而多虧了頁岩氣，現在的世界第一則是美國。美國從此不用再花費時間和金錢進口石油，更可以將多餘的石油出口到國外賺錢。

想將中東問題留給
沙烏地阿拉伯和以色列

現在美國的能源資源獲得保障，已經不再需要為石油跟伊朗進行無謂的鬥爭。儘管如此，由於中東地區在地緣政治學上很有優勢，美國還是希望在該地區保有一定程度的影響力。因此，美國真實的想法其實是：「想退出中東，將中東地區交給沙烏地阿拉伯、以色列等與美國交好的國家吧！」

伊拉克的仇恨是美國造成的？

26

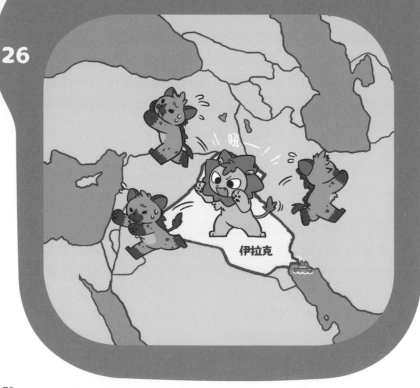

不惜使用暴力的
極端組織「伊斯蘭國」

你們聽過**伊斯蘭國 (IS/ISIS)** ♀嗎？這個國家是由**伊斯蘭教**♀徒中一群思想激進的人，為了創造理想的伊斯蘭教國家而建立，並且使用恐怖攻擊和非法手段，排除其他宗教以及和伊斯蘭教的思想不同的人。

由受到美國驅逐的人們建立

2001年發生在美國，由伊斯蘭激進派發起的**九一一事件**♀對美國影響甚大。受害的美國為了防止信奉伊斯蘭教且敵視美國的伊拉克發動恐怖襲擊，在2003年表示「伊拉克擁有**大規模殺傷性武器**♀」，並且攻打伊拉克、推翻海珊政權，在當地建立對美國有利的政權，許多駐紮於伊拉克的軍隊和政治家因此被驅逐出境。失去安身之地的軍人和政治家們，從2006年開始以伊拉克和敘利亞為據點建立伊斯蘭國，並逐漸壯大自己的勢力。雖然在2019年，伊斯蘭國在美國的攻擊下陷入絕境，不過伊斯蘭國最初成立的原因，其實有一部分也要歸咎於美國。

「伊斯蘭教徒」不等於「激進派」

激進分子只占伊斯蘭教徒的一小部分，實際上，伊斯蘭教是非常善良的宗教，本質上崇尚平等主義，更制定「每個人都應該互相分享並幫助貧困的人」的教義。因此，我們不能只看到少數激進分子就歧視伊斯蘭教。

使敵人無法接近的地盤防線

27

禁止進入線

韓國
日本
中國
台灣

在海上拉起「防線」
創造勢力範圍

支配海洋的美國，在海上劃定許多「**防線**♀」，防線是指畫在地圖上的線，類似「勢力範圍」，而這條線也具有「越線的國家會被視為敵人」的作用。

受到侵襲前的警戒線

如果要保衛國家，那麼在敵國登陸自己的國土前，總不能什麼都不做，對吧？假如他國無緣無故接近自己領土，就必須警告或逮捕對方。美國就在國土之外，盡可能靠近敵對國家的地方劃了一條線表明：「這是我們的地盤！」這條線稱為「**艾奇遜防線**♀」。為了保護線內的地盤，美軍也駐紮在日本的沖繩、神奈川和青森等地。美國監視著艾奇遜防線，並在保衛自己國家的同時，也將防線附近國家納入考量。

以日本為跳板，
封鎖中國的海上擴張

美國目前的防線，是為了將韓國和台灣等**緩衝區**♀納入防衛而設置。而日本雖然看似離美國很遠，但也設有許多美國基地。如果中國軍艦想要越過防線，美國便會立即施壓阻止對方。此外，美國以日本作為自己在亞洲活動的中心，同時保護中國所覬覦的另一個海域——印度洋。日本對美國來說，就像是個讓競爭對手中國動彈不得的基地。

世界上最強的艦隊在日本

28

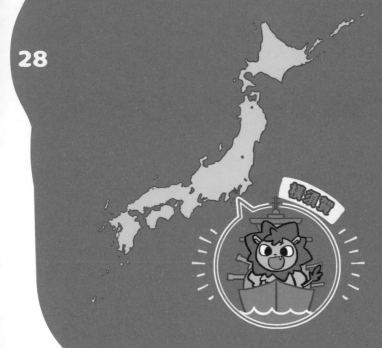

在世界各地
部署艦隊的美國

美國是**海權國家**♀，為了保護位在世界各地的海上地盤，美國在全世界部署了7個艦隊，其中最強大的艦隊稱為「**第七艦隊**」♀。為了守護從太平洋到印度洋的廣大範圍，這支艦隊擁有世界上最新、最強的設備，包含最先進的軍艦、雷達、通信設備和戰鬥機，擁有世界上任何一個國家都無法戰勝的力量。

最強的第七艦隊在日本

其實，這支第七艦隊就位於日本橫須賀的美軍基地。橫須賀原本是日本海軍的港口，**第二次世界大戰**♀後，美國開始使用這個軍港，於是橫須賀成為第七艦隊的母港，如果亞洲發生糾紛，美國就會從橫須賀基地起航。順帶一提，由於艦隊內部涉及「與美國防衛相關的最高機密」，連日本的**自衛隊**♀都無法進入，宛如秘密基地一般。

在南海巡航，
向中國施壓

現在的第七艦隊，正以其強大的力量實行「**航行自由作戰**♀」，也就是刻意派遣美軍軍艦通過中國聲稱是「我國領海」的南海和台灣海峽，藉此警告中國：「這裡才不是你們的海域！」而中國總不可能驅逐最強的美國艦隊，對吧？因此，美國便在向中國施壓的同時保衛著亞洲的安全和日本的**海上航線**♀。

既非海洋亦非陸地，新的戰場是「天空」

29

「空權」讓你在有利情況下戰鬥

空權♀為美國軍人**威廉‧米切爾**♀所提出的概念。**第一次世界大戰**♀時，戰鬥機首次登場，人們發現，從空中更好向地面發動攻勢，而且不容易受到來自地面的攻擊，因此可隨時在有利的情況下出擊。發現這一點的米切爾認為，「可以支配天空的空權，將變得與陸權及海權一樣重要」。

邁向新領域，
研發飛彈、人造衛星等

正如米切爾所預言，由於創造空權的戰鬥機和轟炸機大顯身手，空權的概念得到認同，世界大國開始思考以「空權」為基礎的軍備計畫。第二次大戰結束後，更出現想要「支配比飛機飛行高度更高空間」的人，因此飛彈和人造衛星就此登場。飛彈能從比戰鬥機更高的地方攻擊敵人，而人造衛星則可以從地面無法攻擊的位置確認敵人動向。空權已成為地緣政治上的重要概念，今後將持續受到研究。

「海權」+「空權」=
名副其實的最強力量

目前，在空權領域，美國無論技術或設備數量都獨領風騷。美國可以向世界任何海域派遣**航空母艦**♀，也擁有能瞄準世界主要城市的飛彈和監視世界任何地方的人造衛星。既有的海權和新的空權優勢，正是支撐世界最強國美國的力量。

危險！離核戰只差一步之遙

30

美國

古巴

絕對要避免！
大國之間的核戰

冷戰 期間，美國和蘇聯為了避免最壞的情況「核戰」發生，因此採取戰爭以外的各種方式進行爭鬥，但實際上，某一次的衝突讓世界陷入只差一步就要發生核戰的危險狀態，那就是1962年的**古巴危機**。而事件起因，是美國偵察機發現了位於美國南方的古巴建有蘇聯的核彈基地。

美國 vs 蘇聯，危險一觸即發

美國很著急，因為對手蘇聯的飛彈基地就建在如同自家後院的地方，等同於「美國隨時處於被槍抵著頭的狀態」，因此，美國為了阻止蘇聯的船靠近古巴，封鎖鄰近海域，與蘇聯展開對峙。這時只要有一方採取行動，就可能會演變為兩大國之間的戰爭，甚至會發展為核戰，變成名副其實的「地球危機」。

美國也在蘇聯的地盤
建立飛彈基地

當時美國總統甘迺迪和蘇聯領袖赫魯雪夫透過書信尋找妥協方案，拆除蘇聯基地，雙方達成避免核戰的共識，終於免於開戰。但實際上，美國也曾在靠近蘇聯的土耳其建立能攻擊蘇聯首都的飛彈基地。美國抱有「只有我能攻擊別人，但敵人不能攻擊我！」這種以自我為中心的想法，也是古巴危機的起因之一。

跟敵人的敵人作朋友，送上物資支援

31

在不戰鬥的情況下彼此制衡

美國採取「**離岸制衡**」 💡 戰略，而這最早是由英國發明的。英國是一個島國，與歐洲大陸只有小小的一海之隔，因此英國總是隔岸觀察，一旦歐洲出現英國的敵對國家，為了不讓敵國更加強大，英國會煽動敵國的競爭對手，讓兩國開戰，以維持勢力平衡。例如，**第二次世界大戰** 💡 中，德國逐漸變強時，英國就曾與德國當時的競爭對手法國、蘇聯、美國等國家聯手壓制德國。

不斷更換聯手對象，
以維持勢力平衡

現今，則換成美國採取離岸制衡戰略，坐穩世界最強國的寶座。**冷戰** 💡 時期，蘇聯勢力逐漸茁壯，美國就曾與西歐和日本聯手壓制蘇聯；1970 年代日本經濟發展亮眼，美國便與一直以來關係惡劣的中國交好並壓制日本；而現在則是與日本、印度、澳洲等國聯手，試圖壓制逐漸強大的中國。

戰略已從士兵
轉向金錢和武器的支援

不過，近期美國採取的策略並不是派遣美軍和他國士兵一起作戰，而是採取支援他國武器和金錢的策略，將美國士兵的傷亡降到最低。最近的烏克蘭戰爭中美國也沒有派遣軍隊，而是以武器和資金支援烏克蘭。

第 2 章

中國的
地緣政治

中國是歷史最悠久的國家之一。直到第二次世界大戰爲止,中國一直隱藏實力,但近年來,它以快速發展的經濟實力爲武器,在世界舞台上的存在感也不斷增強。讓我們來看看中國的地緣政治學吧!

資料來源：2023 年 7 月統計資料

中華人民共和國

【國土】約960萬平方公里

【首都】北京

【人口】14億1314萬人

【官方語言】中文

【貨幣】人民幣

過去曾是最強的國家。現在它已成為世界上屈指可數的有錢國家，不只挑戰美國，也為了在世界各地結交朋友而四處奔波。中國雖然強大，但實際上國內存在著許多問題。

南極 想把資源豐富的南極占為己有

好想進軍海洋！

太平洋

出海受到日本的阻礙

想要把美國逐出兩個島鏈之外！

中國眼中的世界

中華人民共和國的建國歷程

內戰勝利者
所建立的國家

32

中國
（中華人民共和國）

台灣
（中華民國）

4000年來，
見證不同國家的誕生與衰亡

中國的歷史十分悠久，距今4000年前就已經存在。但這塊土地並非一直稱為「中國」。每當受到外敵攻擊，或是因為國內的紛爭導致國家領導人更替時，這個國家的體制和國名都會隨之而變。

1949年內戰後，中國和台灣誕生

現今的中國，正式名稱為「**中華人民共和國**⑨」，你們知道這個名字是什麼時候誕生的嗎？正確答案是在**第二次世界大戰**⑨結束後的西元1949年，而在那之前，中國的名字是**中華民國**⑨，雖然上面住的都是中國人，但這兩者卻是不同國家。在第二次世界大戰結束時，**毛澤東**⑨以及**蔣中正**⑨利用各自的軍隊發動了一場內戰，毛澤東在內戰中取得勝利，建立現在的中國，而敗北的蔣中正則逃到台灣，建立中華民國政府，這就是現今中國和台灣的由來。

無論如何都想掌握世界霸權的中國

現在的中國，以14億人的龐大人口和超過日本的經濟實力為武器，創造出最新的技術以及不輸給美國的軍隊和武器，試圖成為世界上最強大的國家。中國為達到這個目標不擇手段，因此採取行動時屢屢給周圍國家帶來不少麻煩。美國、歐洲、亞洲都想阻止一心渴望擴大版圖的中國，而這似乎造成中國與各國的對立更加激烈。

四面受敵

北狄

33

西戎

東夷

南蠻

悠久的歷史＝戰爭的歷史

「中國的歷史，就是戰爭的歷史」，中國可說是一個不斷與鄰國以及國內勢力戰鬥的國家。過去每次戰鬥總讓中國國內變得破爛不堪，留下不堪回首的回憶。所以即使到了現代，中國依然有「在敵方進攻前先下手為強，將對方占為己有」的想法，中國就這樣發展為從陸地的角度思考地緣政治問題的**陸權國家**♀。

中國中心主義表現出「對周圍國家的恐懼」

「**中國中心主義**♀」是中國自古以來就有的傳統思想，它也顯示了中國對其他國家十分警惕。過去的「中國中心主義」認為「中國＝世界中心」，而「中國周圍的國家＝野蠻國家」，因此古代中國稱自己的周邊國家為**四夷**♀（有貶低對方之意）。

比起對外軍事費用，國內的安全支出更花錢？

不僅對周圍國家，中國對自己國內也同樣保持警戒。住在中國的人口有90%以上是漢族，但實際上中國內部還有其他50多個民族。中國政府對這些民族進行了嚴格的監視，因此，比起花費在軍隊的費用（保衛自己不受外國侵擾的支出），監視國內的費用（維穩支出）還要來得更高。

快速成長的
自由經濟

34

社會主義與民主主義

中國實行「**社會主義**」♀，而社會主義的目標是「共同努力，共同分享」。

在民主國家，只要工作就能獲得相應的報酬。但是，在不久之前的中國，所有的土地、金錢和工具都是由國家中最偉大的**共產黨**♀管理，並平等地分配給國民。這個方法乍看之下是不錯，但是人民無法做自己喜歡的工作，而且不管工作與否，大家都能得到一樣的財產，如此一來，你們會不會失去工作的幹勁？實際上，當時的中國人民都變得不想工作了，再加上過去共產黨的管理和領導方式錯誤百出，讓中國變成十分窮困的國家。

決定「只要賺錢就行」後，
經濟迅速成長

中國心想，一直這樣下去也不是辦法，於是從1978年起實施「**改革開放**♀」政策。以往中國禁止人民以未經政府許可的方式做生意賺錢，然而在這個新政策之下，人民開始可以按照自己的意願選擇賺錢手段。大約從1990年代開始，由於大量引進外國技術和經濟理念，中國迅速發展成一個富有的國家，並利用賺來的錢建設強大的軍隊，試圖憑藉經濟和軍事力量，奪取世界各地目前由美國掌握的海域。

旋轉地圖，就能看出中國的野心

35

印尼

菲律賓

② 津輕海峽路線

① 鄂霍次克海路線

③ 沖繩路線

釣魚台列嶼

④ 台灣海峽路線

日本

俄羅斯
(堪察加邊疆區)

中國

俄羅斯

旋轉地圖，
就能看到「必要的東西」在哪裡

要了解中國的地緣政治學，最容易理解的方法，是將地圖向左旋轉90度，如此一來，就可以看到中國如果要向太平洋部署軍艦時，有4條候選路線，分別是：①穿過北海道的北方到鄂霍次克海；②穿過北海道和青森之間的津輕海峽；③穿過沖繩本島與宮古島；④繞過台灣海峽。

中國選擇沖繩路線
的理由

在4條路線中，既不刺激周圍國家也不用繞道，又可以直通太平洋的路線只有1條，你們知道是哪一條嗎？那就是穿過日本沖繩和宮古島之間的路線。你可能會有「從日本國土之間穿過去，是不是違法？」的疑問，但這裡其實是「**EEZ（專屬經濟海域）**⑦」，基本上任何國家都能自由進出，中國的船也不例外，因此中國試圖利用這條路線進入太平洋。

渴望海上據點的中國

但是，如果中國的軍隊光開進太平洋，卻不像美國一樣建立據點（基地），就沒有任何意義了。而中國的候選據點，就是與中國有關新聞中經常出現的**釣魚台列嶼**⑦、台灣、沖繩等地。為什麼中國想要控制這些地方？讓我們從下一小節開始詳細分析中國的戰略！

中國想得到海洋之力，但……

36

俄羅斯

印度

中國

日本

想要進軍大海
的中國

中國在地緣政治學上是**陸權國家** ⚲，但現在中國不僅想掌控陸地，也想要進軍海洋，試圖成為兼具陸權與海權的國家。1400 年代，當中國還在**明朝** ⚲時，**鄭和** ⚲進行了一次大航海（鄭和下西洋），最遠曾經到達非洲，但他的航行最後卻因國內爭鬥而失敗。因此，現在向海洋進軍將是中國在歷史上的第二次挑戰。

陸地和海洋，
兩種力量都想要！

有一點非常重要，從地緣政治學的觀點來看，「任何國家都不可能同時擁有陸權和海權」。日本雖然也是**海權國家** ⚲，但在**第二次世界大戰** ⚲中採取陸權的作戰方式，結果大慘敗（詳見第55小節）。同樣地，過去法國、德國、蘇聯雖然是陸權國家，但也曾試圖擁有海權，最終都以失敗告終。特別是蘇聯，最後連國家都解體了。

必須密切關注
鄰國的動向

中國身為陸權國家，與許多國家「國土相連」。因此，隨時都有捲入其他國家陸權競爭的危險。與海洋不同，陸地看似遼闊，實則狹窄，例如，如果俄羅斯或印度採取軍事行動，中國也會受到影響，所以，陸權國家在決策時有必要時時將鄰國列入考量。

無論如何都想進軍海洋！

37

好想要…

中國

不行!!

海上航線

對來自海上的敵人抱持警戒

身為**陸權國家**♀的中國，想要進軍海洋的理由有很多，而其中一個原因是「心理創傷」。中國還在**清朝**♀時，在與渡海而來的西方國家以及跟日本的戰爭中屢戰屢敗，國家變得破敗不堪。因為這段慘痛的記憶，中國認為「如果不好好守住海洋，就會再次失敗」，因此中國想要先把海洋占為己有，不讓其他國家靠近。

想要守住運送物資到中國的海上航線

中國進軍海洋的另一個原因，是為了保護中國的**海上航線**♀。如果跟擁有世界各地海洋的美國發生戰爭，美國應該會封鎖中國的海上航線，如此一來，中國需要的物資和石油就無法進口。因此，與其說中國想要得到世界各地的海洋，不如說它是想將美國逐出中國周圍海域和海上航線。

解決國界問題，好使用剩餘的金錢

另外，中國和鄰國在國界問題上一直爭執不斷，但在多次協商後，已在 2000 年代初期解決大部分問題。也多虧了這一點，中國從前在國界上花費的資金，終於能轉移到海洋上。
成長茁壯的中國，和掌握著海洋的美國之間，戰爭似乎即將正式爆發。

想要把美國驅逐出海洋

38

中國

美國

台灣

中國和美國
就像小孩吵架

現在，中國和美國的關係非常惡劣，甚至被稱為「新冷戰」。雖說是「冷戰」，但發展成戰爭的可能性很小，它們可以針對從對方國家進口的貨物徵收高額關稅、干涉對方正在推行的政策、爭論領海問題或是哪個國家可以進口世界最新通信技術5G ♀的設備……並不是直接進行熱戰，而是在經濟和政治層面上爭執。美國前總統**唐納・川普**♀當政時，中、美就曾經常像小孩般說彼此的壞話。

不甘心對美國
畏首畏尾

中國的目標是「擁有與美國海軍相同的實力」。中國之所以會這麼想，是因為1995年發生的事件。在這段時期，中國無法接受當時的台灣舉辦總統選舉，因此向台灣附近海域發射飛彈、實施軍事演習等，以威嚇台灣。但是，當美國海軍前來營救台灣時，中國卻因為害怕美國而逃跑了……**（第三次台海危機♀）**
當時的挫敗感，讓中國下定決心：「要擁有與美國同等實力的強大海軍，把美國從中國周圍趕走！」

中國袒護北韓
的理由

39

中國　北韓　日本

朝鮮半島
因大國介入而分裂成兩部分

中國的鄰國中有一個名為北韓的國家，它位於朝鮮半島，以前稱為**大韓帝國**♀。

但是1910年朝鮮半島一度被日本強行占領，而在**第二次世界大戰**♀結束後，美國和蘇聯也相繼前來，美國讓現在的南韓獨立，而蘇聯則讓現在的北韓獨立，朝鮮半島就此分裂成兩個國家。

北韓背後的蘇聯和中國，
韓國背後的美國

北韓所在的朝鮮半島，在地緣政治學上處於重要的位置。1950年代南韓與北韓的紛爭中（**韓戰**♀），中國和蘇聯為了驅逐在南韓的美軍，和北韓並肩作戰，而南韓則與美國合作。

雖然南北韓目前已經休戰，但朝鮮半島仍是**陸權國家**♀和**海權國家**♀之間相互爭奪的地方之一。

與地位重要的北韓
建立友好關係

讓我們試著從中國和俄羅斯的角度思考。如果北韓和美國的關係變好，競爭對手美國就會逼近自己，因此，就算北韓發射飛彈、進行就連中國也反對的核試驗，中國依然袒護北韓並且跟它和睦相處，因為北韓對中國來說是重要的**緩衝區**♀。

將美國逐出勢力範圍的兩條防線

40

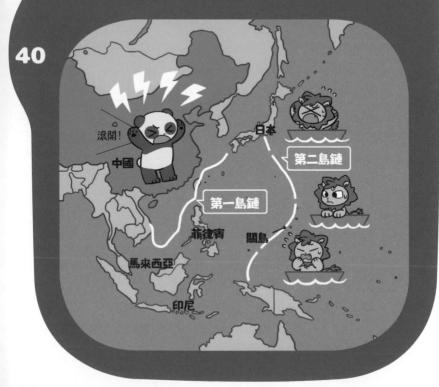

實現「媲美美國海軍實力」的兩條防線

在中國的軍事戰略中，有一個目標是「擁有能夠和世界最強的美國抗衡的海軍」。為此，必須將掌握全球海洋的美國逐出中國周邊，於是中國創造出**第一島鏈**💡和**第二島鏈**💡。

這兩條**防線**💡是中國假想出來的，第一島鏈延伸至日本、台灣和東南亞，而第二島鏈則遠離日本，延伸至關島和塞班島。中國的目標是把美國勢力趕出這條線外，並在其中部署中國的海軍。

中國進軍海洋的4個步驟

實際上，這個戰略是有時間表的：

① **1982 ～ 2000 年，建立環繞中國的防禦體系。**
② **2000 ～ 2010 年，取得第一島鏈內側區域。**
③ **2010 ～ 2020 年，取得第二島鏈內側區域。**
④ **2020 ～ 2040 年，將美國軍隊從半個太平洋和印度洋驅逐。**

而中國的成果，實際上比預想的晚了許多，到2021年左右，中國才剛剛開始進入第一島鏈。雖然中國的行動緩慢，但並不代表計畫中止。中國在南海設有軍事基地，還派船艦在日本沖繩以及更遠的第二島鏈之間徘徊，各國今後也要更加注意中國的動向。

一帶一路與債務陷阱外交

借錢給大家，換取各國的言聽計從

41

荷蘭
（鹿特丹）

俄羅斯
（莫斯科）

陸上絲綢之路

中國
（烏魯木齊）

義大利
（威尼斯）

希臘
（比雷埃夫斯）

土耳其
（伊斯坦堡）

伊朗
（德黑蘭）

印度
（加爾各答）

中國
（西安）

中國
（福州）

新加坡
（新加坡）

肯亞
（奈洛比）

斯里蘭卡
（可倫坡）

海上絲綢之路

馬來西亞
（吉隆坡）

向絲路沿線國家送上誘餌

一帶一路⊙是中國從2013年起實施的政策，中國試圖透過這項政策，與世界各國協力建立巨大的經濟合作關係。如左圖所示，中國向「陸上絲綢之路」與「海上絲綢之路」上的國家貸款，讓它們修建國內鐵路、公路和港口，道路和港口修繕完畢後，人和商品就更容易流動，而這時中國向其他國家提出邀請：「一起加入一帶一路，賺更多錢吧！」其他國家也許認為「哇！好像很不錯！」但這其實是中國的戰略。

用債務綑綁各國，剝奪交通建設使用權

因為缺乏資金而無法進行國內建設的國家都加入一帶一路後，到了這些國家的港口建設完畢時，卻發現自己的港口賺不了錢，有些國家甚至償還不起向中國借的錢。

於是，中國以延遲還款為代價，要求這些國家交出港口和鐵路的使用權。而欠債的國家無法反抗，只能服從中國，這就是所謂的「**債務陷阱外交**⊙」。

沒有中國就無法生存的手段

於是，中國利用這種手段取得物流路線，並且將國內生產的東西低價販售給全世界。如此一來，全球遍布中國製的產品，如果沒有中國產品就會影響生活，此時大家都會選擇順從中國了，對吧？一帶一路正是中國用經濟來控制他國的戰略。

42

企圖穩坐世界第二大經濟體

目標是
掌控全世界
的港口！

希臘

巴基斯坦

阿拉伯
聯合大公國

斯里蘭卡

想在全世界港口部署中國海軍

延續上一小節，我們再多了解一下**一帶一路**◉政策。前面說到中國把錢借給各國，如果對方無力償還，就將該國的港口據為己有，實際上，這就是一帶一路最可怕的地方：**債務陷阱**◉。如果中國能使用其他國家的港口，就能在那個港口部署中國海軍，如此一來，中國就能在世界上建立許多據點，並且進一步放眼全球海洋。

斯里蘭卡的港口遭占

受影響的國家之中，最具代表性的就是斯里蘭卡。斯里蘭卡向中國借錢建造漢班托塔港，但由於沒賺到多少錢而無法償還債務，中國於是控制該港口。這個港口就在印度的南方，可以看到印度洋，也就是說，如果能在這裡部署海軍，就能封鎖競爭對手印度，進而奪取印度洋，因此這個港口非常重要。

用雄厚資金
獲取世界各地海洋

中國正在試圖用這個方法取得世界各地的重要港口。此外，目前中國更把目標轉向澳洲、巴基斯坦、阿拉伯聯合大公國、希臘還有義大利。作為世界第二經濟大國，中國花費許多錢想得到全球的海洋。但是，當前中國的經濟狀況正接近極限，中國究竟是能奪取世界上的海洋，或是先迎來經濟的極限呢？這一點目前備受矚目。

中國想要得到四面環海的台灣

43

中國

容易進出
東海

容易進出
南海

台灣

台灣也屬於「一個中國」？

雖然台灣和日本的關係非常好，但實際上，世界上大部分國家都不承認台灣是一個國家。而中國則是抱持著「一個中國」的想法，認為：「台灣是中國人建立的國家，當然屬於中國！」

對於和中國合併，
台灣說「NO」

正因為這個想法，中國試圖併吞在地緣政治上非常重要的台灣，但是不願意和中國合併的台灣人也很多，這是因為，中國是由國家管理全體國民的社會主義國家，而台灣採取的是重視個人的民主主義。現在居住在中國的人，和住在台灣的人想法完全不同，所以許多人認為「即便彼此合併也無法融洽相處」。

中國渴望得到
具有地緣政治優勢的台灣

台灣是中國通往太平洋航線的「屏障」，而且恰巧位於中國想要的東海和南海正中間，位置在地緣政治上十分重要。如果台灣成為中國的一部分，就能當作自己的海上據點，如此，中國就更容易對東海和南海施加壓力。相反地，台灣也可說是位於阻止中國發展的必要位置，所以美國才拚命地派軍艦前往台灣附近，不讓中國靠近。但是，中國也不甘示弱地在 2022 年舉行包圍台灣的軍事演習，對台灣施加壓力。今後，中國和美國的關係將會更加緊張。

充滿優勢
的小島

44

釣魚台列嶼

中國派出武裝船艦
威嚇其他國家

新聞中經常出現的**釣魚台列嶼**♀，是東海南部多個島嶼的統稱，因為每個島都是無人島，所以中國為了將它們占為己有，頻繁派遣武裝船艦在列嶼周邊徘徊，甚至在2021年制定**中華人民共和國海警法**♀，規定「中國可以對靠近釣魚台列嶼的船使用武器」，企圖將他國船隻驅離釣魚台列嶼周圍。那個，為什麼中國這麼想得到這些島嶼？

地理位置方便攻打台灣

第一個理由是「在進攻台灣時，釣魚台列嶼將成為重要據點」，中國不排除發動戰爭也想要占為己有的台灣本島，就在釣魚台列嶼附近。如果釣魚台歸中國所有，中國就能以這裡為基地進攻台灣。相反地，如果台灣被占領，釣魚台列嶼也會被占領，因此中國是以同時取得這兩個地方為目標。

阻止美國繼續駐守沖繩

另一個理由是「希望美軍離開沖繩」。中國如果控制釣魚台列嶼，就可以對日本沖繩施加壓力。沖繩目前有美軍駐守，但美國的戰略特點是「在自己與敵人之間設置**緩衝區**♀」，如果釣魚台列嶼被占領，美國就會失去緩衝區，如此一來美軍就有可能要撤離沖繩。當然，為了避免這種情況發生，美國也想在釣魚台列嶼建立基地。

連接海上航線的南海

獨占南海!

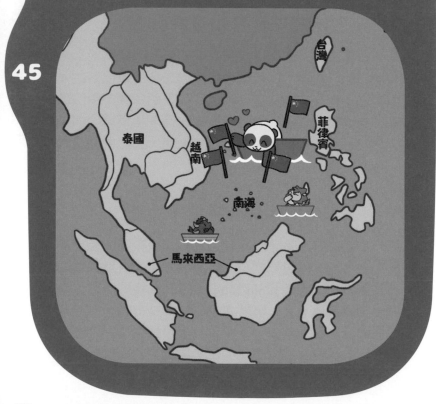

控制南海，
就掌控亞洲貿易

南海位於日本東南方，環繞東南亞國家，從全球各國的角度來看，都是重要的海路。如果一個國家可以占領南海，就意味著「能夠控制東南亞和印度洋的海上航線」。因此，掌握全球海洋的美國，和想趕走美國的中國，兩者之間的鬥爭就在南海展開。

中國主張
「南海是我們的！」

600多年前，中國明朝的宦官鄭和♀展開大航海，穿過南海抵達非洲。於是，中國以此宣稱：「南海是我們的！」並且在南海建設人工島和軍事基地。如果中國掌握南海，就可以阻撓天然氣和石油輸送到東南亞和日本，甚至可以驅逐以美國為首的外國軍隊。

美國與中國的
衝突最前線

面對中國的行為，南海周邊國家和美國於是聯手壓制，並警告「不允許中國為所欲為」。東南亞各國聯合對中國施壓，而美國與東南亞合作，並派遣海軍船艦往來南海，暗示中國「這裡不是你們的海」。而中國也不甘示弱，向有可能朝自己靠攏的東南亞國家提供資金，試圖用金錢將它們拉攏到自己的陣營。

中印邊境戰爭

隱藏的
競爭對手：
印度

46

跟印度的感情很差！！

中國最大的競爭對手是美國，但它其實還有一個大敵，就是它的鄰國印度。

截至2022年8月，印度人口為14億66萬人，和擁有14億4850萬人口的中國相近，在經濟和軍事實力上也與中國越來越接近。這樣的中國和印度，經常在領土和印度洋問題上發生爭執。最近兩國軍隊也在邊境附近發生衝突，造成許多人傷亡，關係不融洽的兩個國家的鬥爭似乎越來越激烈。

陸地和海洋紛爭持續惡化

中國和印度的紛爭主要是陸地（領土）和海洋（印度洋）的問題。領土問題發生在中國和印度的國界，從1957年左右以來，兩國因為爭論「國界線在哪裡」而關係持續惡化，1962年發展成**中印邊境戰爭**♀，這場戰爭雖然是中國勝利，但從那之後，兩國的關係一直很差。

與其他國家聯手，在陸地上持續對峙

競爭關係下的中國和印度，一直試圖遏制對方的行動。印度與日本、澳洲、夏威夷（美國）聯手監視中國，中國則和與印度交惡的巴基斯坦以及鄰近印度的國家交好，試圖阻止印度的行動。

以牙還牙，以眼還眼：海上爭奪戰

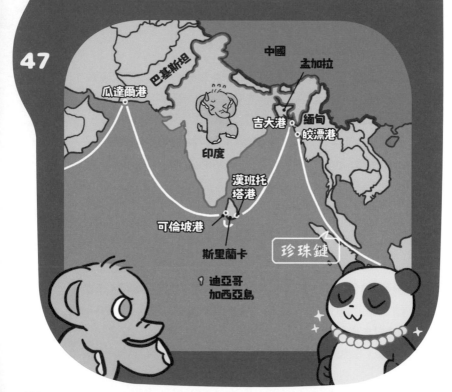

47

互相爭奪海洋的中國和印度，
各自的戰略是？

中國和印度不只在領土問題上爭吵，在海上也有糾紛。中國需要利用印度洋安全地將石油運送到自己的國家，因此，中國正考慮進軍印度洋，而不希望中國進軍的印度則為了對抗中國，採取各式各樣的戰略。我們來看兩個國家的戰略。

中國用「珍珠鏈」包圍印度

中國有一項稱為「**珍珠鏈** 💡」的戰略，是與印度周圍國家合作，在監視印度的同時，也能獲得印度洋上的海運路線。印度周圍有緬甸、孟加拉、斯里蘭卡、巴基斯坦等擁有港口的國家，而中國可以在戰略合作下利用這些港口。如果在地圖上用線把這些國家連起來，看起來就像圍繞著印度，對吧？因為這條線看起來就像「項鍊」，因此稱為「珍珠鏈」。

印度用「鑽石鏈」對抗中國

另一方面，印度的戰略則稱為「**鑽石鏈** 💡」，是為了對抗中國的「珍珠鏈」戰略而制定的，作戰策略是在中國包圍印度的情況下，從中國**防線** 💡外圍將它包圍起來。在這個計畫下，印度與東南亞和非洲東部合作，在中國的戰略地點之外開闢新的**海上航線** 💡。此外，印度附近的迪亞哥加西亞島上還有美國的基地，美國的協助將是印度對抗中國的關鍵。

想要南極，想得不得了！

48

中國

澳洲

南極

這是以南極為
中心的地圖

南非

阿根廷

南極是
「大家共用的」

你們聽過南極大陸嗎？看看地球儀，南極大陸位於地球最南方，平均氣溫是負57度，極其寒冷。

那麼，南極隸屬於哪個國家？正確答案是「南極不屬於任何國家」。1959年，多國簽訂**《南極條約》** ⊙（1961年生效），承諾「南極不屬於任何國家，大家要和平共用」。之所以特別簽訂這個條約，是因為南極埋藏大量的資源和能源，必須避免各國爭奪資源而發生戰爭，同時也是因為南極的地理位置在地緣政治學上也非常重要。

但是現在，中國為了得到南極，正在採取各種行動。

等待條約到期

受到地球暖化的影響，未來南極的冰層將會融化，形成新的**海上航線** ⊙。另外，因為南極鄰近非洲，所以取得南極也可以對南方的心臟地帶施加壓力。

此外，南極條約中「必須保護南極環境」的規定，到2048年就失效了。有鑑於此，中國租借澳洲的港口，並在南極建立許多觀測基地。雖然距離2048年還很久，但是中國已將奪取南極視作長期戰略。

第3章

日本的地緣政治學

日本是個島國，擁有獨特的文化。要如何維護傳統、怎麼與其他國家相處才能維持和平？讓我們一起從日本的特徵跟地理要素的角度來想一想吧！

日 本

【國土】約37萬7976平方公里

【人口】1億2371萬人

【官方語言】日語

【貨幣】日圓

容易受他國的言行影響而馬上改變態度。過去不管什麼事都仰賴美國，但最近意識到再這樣下去就危險了，因此正以變強為目標奮鬥著。

日本眼中的世界
總之就是不讓中國出海！
俄羅斯
北韓
南韓
日本
不聽！
聽我說嘛！
你說什麼我都不聽！
不聽！
菲律賓
不聽！
澳洲
我們還是先和其他國家建立友好關係比較好。

擁有獨特文化的日本

日本的
關鍵字是
「島國」

49

日本是擁有海權的島國

日本是一個四面環海的**海權國家**♀。因為有「海」這個屏障，在歷史上幾乎不曾受到外國的侵略。即使他國想要跨海攻打日本，也需要大量的糧食和金錢，所以曾經侵略世界的歐洲各國也無法攻下日本。另外，日本氣候溫暖，適合農作物生長，不需要搶奪他國的資源也能自食其力。因此，日本並沒有積極參與外國事務的必要。

地理位置造就
日本獨特的文化

日本在文化上，很大程度受到四面環海地理位置的影響。在沒有網際網路的古代，要靠船隻進行交流才能了解其他國家的文化和情報，海洋阻礙了日本與其他國家聯繫，所以外國文化很難傳入日本。因此，日本形成了過去的武士文化、現代的御宅文化等，走出自己獨特的歷史。

因為地緣政治學，
世界看見日本的重要性？

但是，地緣政治學的誕生改變了原本的情勢。從美國的角度來看，日本是可以監視俄羅斯和中國的中間基地；從中國的角度來看，日本則是阻止它向海洋擴張的屏障；從俄羅斯的角度來看，日本的港口可以部署自己海軍，是很重要的戰略位置，因此各國對日本的關注日漸攀升。

不守住海洋，
日本就會輸？

50

要守住日本，
就要守住「海洋」！

對外國船隻感到不安的官員

你聽過**江川英龍**♀嗎？別說全世界了，這個人就連在日本可能也不太有名。但是，其實江川英龍被譽為「日本地緣政治學第一人」，他所生活的江戶時代末期，正是外國船隻開始頻繁出現在日本附近的時代。擔任地方官員的江川英龍，對於「如果外國船隻進攻日本，日本是否能應付？」提出疑問。

日本若不加強軍事實力、保護海洋，必敗無疑

於是，他重新審視日本的軍事實力，發現日本當局保衛國家的意識低下，武器也很落後，根本贏不了外國，於是他認真地思考如何保護日本，並注意到兩件事：「日本軍隊要變得和外國一樣強大」、「要保護日本，必須守住日本周圍的海洋」。

受外國威脅而誕生，日本最早的地緣政治學者

為了擁有與外國軍隊相當的實力，江川英龍對外國進行徹底的研究，並自己開發出最新的武器和技術。此外，他還多次向江戶幕府說明守衛海洋的必要，為了與外國在海上作戰，他不惜一切代價建造放置大砲的地方（現今日本富士電視台總部所在的台場）。江川英龍為了保護日本不受外國勢力侵害，絞盡腦汁地思考出著眼於「海洋」的策略，真是貨真價實地具有地緣政治學思維。

鎖國與外交

明明是島國
卻擅長陸戰的
奇怪國家

51

明明是海權國家，
卻擅長陸戰？？？

日本曾經歷過有趣的地緣政治演變。雖然前面說明過日本幾乎不曾受到外國入侵，但是，日本國內卻發生過很多內戰。從彌生時代的**倭國大亂**⚲、**源平合戰**⚲和戰國時代，直到明治時代的**西南戰爭**⚲，這超過1600多年間的各個時代中，日本國民持續經歷許多內戰。身為一個**海權國家**⚲，日本海軍理應越來越強人，但是因為不曾受到他國入侵，所以反而是在內戰中得到的「陸上作戰能力」變得更強了。

讓人懊悔的「鎖國政策」，
讓日本落後世界各國

到了江戶時代，日本「為了防止外國侵略」，開始實施「**鎖國**⚲」政策，限制外國貿易。

當時的歐洲，經常以貿易之名，在自由進出貿易國時，以軍隊力量為後盾威脅他國，並以這個模式侵略各國。

意識到這一點的日本，故意實行與世隔絕的政策，因此迎來長達260年的和平時代，但是在另一方面，卻也因為外國文化和最新技術難以進入國內而在發展上落後於世界。

引進外國技術，增強海洋實力

52

陸權勢力

海權勢力

以黑船事件為契機，
終於決定開國

江戶時代末期，美國提督**馬修・卡爾布萊斯・培里**♀乘坐**黑船**♀來到日本，威脅日本與美國建交。幾乎不曾引進外國技術的日本對於美國強大的技術實力感到十分驚訝，認為：「如果今後不引進外國文化，就無法與世界各國平起平坐了。」於是日本終於放棄**鎖國**♀，走上與世界合作的道路。正因為大量引進強國的技術，日本短時間內就實現現代化，這一段過程稱為**文明開化**♀。

陸地？海洋？
左右為難的日本

得到與外國抗衡的能力後，日本以成為亞洲第一為目標，開始考慮向世界擴展版圖。到了明治時代，日本在**甲午戰爭**♀和**日俄戰爭**♀中戰勝許多強大的國家，試圖轉型為**海權國家**♀，但由於無法捨棄陸權這個一直以來的強項，於是出現試圖讓兩者並存的局面。

慘敗後成為海權國家

但是，地緣政治學的原則之一就是不能同時擁有陸權和海權。日本在**抗日戰爭**♀和**第二次世界大戰**♀中依然想要同時擁有陸權和海權，結果未能有效地發揮實力而導致戰敗。日本從這次的經驗中反省，在戰後轉變為海權國家，現在日本已是完全的海權國家，同時和其他海權國家攜手合作。

日本在超級大國的夾縫中煩惱

53

總是夾在超級大國之間

第二次世界大戰♀以來，日本一直生存在超級大國的夾擊之下。當超級大國美國和蘇聯在經濟、政治、技術、軍事、外交等領域展開**冷戰**♀時，日本也成為美國的重要基地。冷戰後，中國經濟迅速發展並成為超級大國，開始以登上世界最強寶座為目標並向美國發起挑戰，而日本又再度夾在這兩個超級大國之間。

雖然和美國是同盟，但生活和經濟上卻又仰賴中國

如果世界上出現兩個超級大國，彼此就會為了戰勝對方而展開鬥爭，很容易形成對立關係。現在美國和中國持續爭霸，而日本則與美國成為**盟國**♀，對中國保持警戒。但令人煩惱的是，中國是日本最大的貿易夥伴之一，兩國在生活和經濟方面都有密切的關係，所以日本目前尚未對中國採取果斷的行動。

美中關係來到「最差」的地步

特別是美國前總統**唐納·川普**♀試圖削弱中國日益增長的實力而限制對中貿易，也向世界呼籲中國的人權問題，當時美國和中國之間的關係已經惡化到可以用「最差」來形容的地步。2021年起上任的美國總統**喬·拜登**♀，也明確表示要「對抗中國」。對日本而言，清楚掌握超級大國美國和中國的動向，成為最重要的戰略。

日本的
海戰實力強大

54

海權國家的海戰實力不容小覷

海權國家♀日本的海上作戰實力十分強大，在明治時代日本與中國（**清朝**♀）間發生的甲午戰爭中，日本在海戰取得巨大的勝利，從而掌握**制海權**♀。直至戰爭結束，日本都堅守在這片海域上，因此鞏固了自己的後方陣地，在陸地上戰鬥時也能從海上進行掩護，因此在戰爭中處於有利位置，最終取得勝利。

甲午戰爭後，
又在日俄戰爭中憑海權取勝

後來，在與俄羅斯帝國的**日俄戰爭**♀中，日本海軍於海上擊敗俄羅斯**太平洋艦隊**♀，攻占了俄羅斯的重要據點**旅順要塞**♀，並且掌握旅順要塞周邊的制海權。此外，日本在對馬海峽海戰中，把當時世界最強的俄羅斯**波羅的海艦隊**♀打得體無完膚，從而在日俄戰爭中取得勝利。

其實原本是陸權國家

在日本的戰爭中，也有一些特殊例子。鎌倉時代日本與蒙古帝國（元朝）之間的**元日戰爭**♀中，陸權國日本與陸權國蒙古交戰，日本修築的防壘（約2公尺高的石牆）擊退了蒙古騎兵，奪回日本的據點**對馬島**♀和**壹岐島**♀，蒙古軍因此被孤立在海上，當蒙古軍在海上思考著下一步作戰計畫時卻遭逢暴風雨導致全軍覆沒。

過去曾是**陸權國家**♀的日本，在歷史上也有許多像這樣不靠海洋戰力戰勝外國的例子。

在陸戰中
大慘敗

55

依靠陸權，
卻在魯莽戰鬥中慘敗

然而，日本依靠陸權戰鬥，最後失敗的例子也很多。**豐臣秀吉**♀在日本戰國時代時的1592～1598年間統一日本全國，他為了奪取海外領土，曾兩次出征朝鮮，這就是「**萬曆朝鮮之役**♀」。在這場戰爭中，陸權國日本登陸朝鮮作戰，最初日本占上風，但士兵作戰最需要的物資供應無法順利進行，再加上朝鮮向**明朝**♀（中國）求救造成戰爭延長，最終因豐臣秀吉去世而結束戰爭。

忽略地緣政治關係
而嘗到苦頭

在1937年中國與日本的「**抗日戰爭**♀」中，**海權國家**♀日本擴增陸軍，並且進攻擁有廣闊領土的陸權國中國。在這場戰爭中，由於物資供應路線變長，導致日本無法繼續前進，而中國在此期間得到英國和法國的大力支援，戰爭陷入膠著狀態，最終日本敗北。

日本雖有海洋這個屏障的保護，卻忘記地緣政治學的觀點而選擇在陸地上戰鬥，這正是日本最終嘗到苦頭的原因。

面對駐守沖繩的美軍，俄羅斯和中國大傷腦筋

56

鄂霍次克海

白令海

東海

沖繩

南海

美軍為什麼
還駐守在沖繩？

日本沖繩從1945年**第二次世界大戰**♀結束開始持續受到美國占領27年，雖然已於1972年歸還日本，但當地至今仍有超過5萬名美軍人員和超過30處的美國軍事設施。噪音、飛機墜落事故、美軍犯罪等問題，成為沖繩居民的煩惱。既然戰爭已經結束，為什麼美軍還要繼續駐紮在沖繩？

為了監視
中國和俄羅斯的行動

從「日本的防衛戰略」就能看出答案。沖繩的鄰近海域有日本和韓國之間的日本海、沖繩旁邊的東海、東南亞所在的南海，往北也能通往白令海和鄂霍次克海，就像日本周邊海域的門戶一般。而這些海域也是美國的競爭對手中國、俄羅斯所覬覦的海域，如果競爭對手有進攻的跡象，美軍隨時都能從沖繩出擊。

阻止中國進軍海洋

此外，沖繩還有「防波堤」的作用，可以阻止中國進入太平洋。沖繩由160個島嶼組成，如果從日本九州到**釣魚台列嶼**♀劃一條線，就像一堵牆，使中國很難進入太平洋，所以沖繩對日本和美國來說非常重要。

方便夾攻
歐亞大陸的
英國和沖繩

57

英國
（倫敦）

沖繩

沖繩對世界也超級重要

我們已經了解，從地緣政治學的角度來看，沖繩是日本戰略上最重要的地方。

那麼接下來，讓我們從世界的角度來看沖繩。美國之所以能支配全球海洋，是因為它壓制著俄羅斯和中國兩個陸權國。那麼，美國是如何壓制競爭對手的？

阻礙各國進出世界海洋的
沖繩和倫敦

美國壓制競爭對手的方法，就是「讓與美國關係友好的國家（日本和英國）監視對方」。而監視據點就是島國日本的沖繩和英國的倫敦。

看看前頁的地圖，沖繩和倫敦這兩個地區分別位於陸權核心地帶歐亞大陸的兩端，沖繩就像為中國的出海路線蓋上蓋子妨礙中國行動，而英國的倫敦也同樣具有阻止中國進軍大西洋的作用。

方便飛彈到達任何地方
的位置

如果美國在倫敦和沖繩設置可以飛行1萬公里以上的 **ICBM（洲際彈道飛彈）** ，將可以擊中美國的競爭對手俄羅斯首都莫斯科、中國的首都北京、北韓的首都平壤等地。因此，從世界各國的角度來看，沖繩的位置也十分重要。

從日本
竊聽競爭國家

58

日本是「竊聽」的基地

美國不僅將日本作為軍事基地，還將日本當作竊聽競爭國家動向和對話的重要基地。青森縣的三澤美國空軍基地周圍有一排巨大球體建築物，那是用來偷聽競爭國家通訊和對話內容的天線裝置，由於外觀像白色球體，它又被稱為「高爾夫球」或「乒乓球」。

美國由此獲取
俄羅斯、中國、北韓的情報

美國利用這些天線，竊取俄羅斯、中國、北韓等競爭國家的郵件、社群媒體和電話內容，據說一分鐘就能捕捉到300萬次通訊。

美國根據得到的消息，預測競爭國家接下來會採取什麼樣的行動，接著擬定相對應對策。既然竊聽的天線設置在日本，不只競爭國家，就連日本的通訊也會洩漏。所以，日本的政治家遇到與外交有關等不想被竊聽的重要內容，都盡量避免電話或是LINE聯絡。

目不轉睛監視各國的「五隻眼睛」

美國利用天線獲得的情報，還會跟英國、加拿大、澳洲、紐西蘭等「**五眼聯盟**」Ⓟ國家共享，形成全球的監視體制。最近，日本、德國、法國也與這個組織合作，試圖建立更強的監控體制。在現代戰爭中，最重要的不是武器和士兵的實力，而是情報。今後世界各國也需要與其他國家共享情報並密切合作。

日本負責維護部分歐亞大陸區域穩定

59

日本的監視雷達指向競爭國家

日本和美國的關係友好，對日本來說有許多好處。如果日本陷入危機，最強的美國就會出手相救，而且日本最重要的**海上航線**♀也全部受到美國保護。還有一件事很重要：多虧美國的存在，「日本只需要監視一半區域即可」。實際上，日本用來偵測他國飛彈的雷達幾乎沒有朝向太平洋的，而是朝向俄羅斯、中國和北韓所在的亞洲大陸一側。

太平洋的安全交給美國負責

這是因為，日本不會受到來自太平洋的攻擊。太平洋幅員遼闊，只有美國擁有攻擊距離這麼遠的飛彈，而美國和日本組成相互保護的「**美日同盟**♀」，從美國的角度來看，日本正好處於監視競爭對手中國和俄羅斯的最佳位置，因此，太平洋區域交給美國，日本只需要監視競爭對手所在的歐亞大陸就好。

由於只守護「一半的面積」，
成本也只要「一半」

不用監視太平洋對日本有許多好處，因為只需要監視一半的防禦面積，所以花費和人力都是其他國家的一半。此外，需要注意的國家數量也很有限，因此更利於防衛和監控。不過最近中國開始做出一些舉動，光靠目前的防備狀態可能還不足以因應，因此日本也預計增加國防預算。

被中國盯上
的寶藏

60

覬覦尖閣諸島（釣魚台列嶼）的中國

實際上，日本和中國的關係並不是很好。其中一個理由，是中國為了增加自己的領土和影響力，企圖奪取尖閣諸島（台灣稱為**釣魚台列嶼**[❓]），並宣稱「尖閣諸島是中國的！」，以及進入日本領海並主張「這裡是我們的海！」等等。

蘊藏資源和食物
的「寶庫」

中國覬覦尖閣諸島（釣魚台列嶼）的理由有兩個。
第一個理由是，據說尖閣諸島（釣魚台列嶼）周圍海域有豐富的漁業資源，海底還有可作為能源的石油，以及稱為稀有金屬的珍貴礦物。因此中國覬覦這座珍貴寶山，企圖將尖閣諸島（釣魚台列嶼）占為己有。

正好成為
中國出海的跳板

另一個理由是，此處可以作為中國出海的基地。目前，中國的目標是向太平洋派遣軍隊，控制太平洋一半的海域，為達到這個目標，必須在中國本土以外建立一個能夠補充和安置軍隊的地方。而尖閣諸島（釣魚台列嶼）和日本的沖繩本島正符合中國的需求，所以才被盯上。對於中國的行動，日本也提出抗議。雖然日本海上保安廳能用海上警察的身分管制中國，但是中國的舉動卻一年比一年更加得寸進尺。

亞洲民主安全之鑽

聯合同伴國家
包圍中國!

61

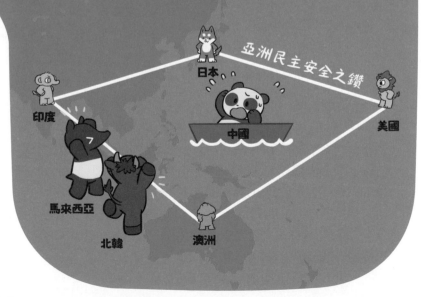

156

和同伴一起
監視對手國家的動向

目前，日本對中國、北韓以及俄羅斯這三個國家抱有敵意，特別是為了進軍世界的海洋而企圖奪取**釣魚台列嶼**♀的中國。

為了防止釣魚台遭中國占領，2012年，日本前首相**安倍晉三**♀提出**亞洲民主安全之鑽戰略**♀，戰略內容是由日本、印度、澳洲、美國（據點為夏威夷）聯手監視中國，這四個國家稱為**四方安全對話**♀（QUAD）組織，如果在地圖上把這四個國家用線連起來，看起來就像鑽石的形狀，所以又命名為「亞洲民主安全之鑽」。

對中國抱有危機感的同伴
不斷增加

2016年，日本前首相安倍再次與同樣視中國為競爭對手的東南亞國家以及法國、英國、德國等歐洲國家聯手。這些國家彼此合作，建立保護**海上航線**♀的**自由開放的印度—太平洋構想**♀。此後不只從太平洋，還能從印度洋和南海監視中國。看地圖就能了解，如果安全之鑽四國加上東南亞國家合作，就能監視整個太平洋到印度洋的範圍。此外，日本為了對抗中國的**一帶一路**♀政策，也正與世界各國合作。

用飛彈威脅各國，令人困擾的鄰國

62

北韓不斷向日本海發射飛彈

北韓是朝鮮半島上的國家，位於南韓的北邊。它每年持續強化飛彈和軍隊，而新聞中也經常出現「北韓宣稱舉行演習，向日本海發射飛彈」之類的新聞。雖然北韓給人相當危險的印象，但北韓國內其實非常貧窮、糧食短缺，導致貧困地區的人民餓死，然而，北韓不顧國內民不聊生，堅持發射飛彈及壯大軍隊，是因為它有某種「考慮」。

發射飛彈
是為了威脅美國

實際上，北韓發射飛彈是為了向美國示威。北韓想透過增強飛彈技術，讓美國認為它是危險的國家，從而促使美國參與談判，如果能透過談判獲得美國的經濟援助，就能解決國內糧食不足和貧困的問題。而北韓對與美國關係友好的日本發射飛彈，也是為了表示「我隨時可以攻擊你！」。當然，飛彈破壞力十分驚人，必須要謹慎使用，但也沒有必要過於害怕。

美國或許
也想利用北韓

不過，美國很有可能向北韓提供經濟援助，因為北韓位在美國最大競爭對手中國的旁邊，如果能把北韓變為盟友，就能從更近的距離封鎖中國的動向，因此北韓其實也利用了自己的地緣政治優勢。

保護日本
不受海盜侵擾！

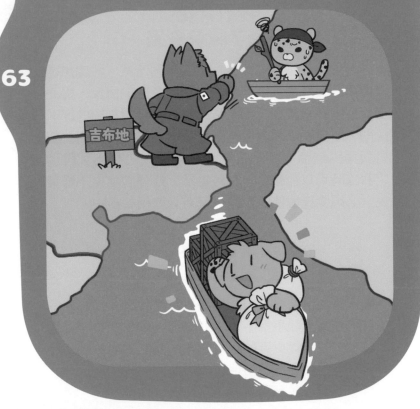

吉布地

日本在世界上最熱的地方也擁有基地

其實日本在非洲的吉布地共和國擁有基地。吉布地是一個只比日本的四國地區大一點的小國，被稱為世界上最熱的國家。從2011年起，日本派遣**DAPE** ♀（日本自衛隊海盜對應行動派遣航空隊）與海上**自衛隊** ♀ **DGPE** ♀（日本自衛隊海盜對應行動派遣支援隊）前往吉布地駐守，團隊總計約400人。

用步槍挾持人質的現代海盜

在這裡設立海外基地的最大理由是為了「對付海盜」，然而這裡的海盜和漫畫、電影裡的完全不一樣。現代的海盜會開著小船，以步槍襲擊其他國家的船，搶奪物資、綁架人質，並索求贖金。為了應對這些事件，日本於是派遣自衛隊保護日本船隻。讓我們看一下本章最開頭的地圖，是不是有一個名為亞丁灣的海灣？日本運送石油的船會從亞丁灣通過，而吉布地就在亞丁灣的入口處，因此在這裡設置自衛隊，就可以保護日本所有**海上航線** ♀。

索馬利亞人 因內戰和貧窮而成為海盜

你們在新聞上聽過「索馬利亞聯邦共和國」嗎？索馬利亞位於吉布地南部，以海盜眾多聞名。索馬利亞臨海且漁業發達，自從內戰開始後國家越來越荒蕪，最終變得十分貧困。據說當地人民是為了生存才開始用捕魚的船當起海盜。

能和阿拉伯友好相處的日本

64

沙烏地
阿拉伯

伊朗

日本和中東國家互相幫助

恐怖組織很可怕、中東的宗教信仰很嚴格……大家或許對中東地區抱有這些負面印象，但有許多阿拉伯國家其實和日本的關係十分良好。土耳其、沙烏地阿拉伯、伊朗、UAE（阿拉伯聯合大公國）等中東大國都與日本關係友好，中東國家也翻譯出版了許多日本的動漫作品，而且日本的石油幾乎都是從中東地區進口的，可以說日本與中東地區是彼此互相幫助的關係。

日本是避免代理人戰爭的關鍵？

目前，中東地區的伊朗和沙烏地阿拉伯關係非常惡劣。伊朗有中國和俄羅斯的支持，而沙烏地阿拉伯則有美國支持，雙方的爭鬥其實是一場**代理人戰爭**⚲。這場危險的戰爭不只將世界各國捲入其中，甚至有可能成為世界大戰的導火線，但是日本是唯一和這兩個國家友好的國家，期待未來能透過日本的介入解決問題，而這也是日本政治家大展身手的好機會。

中東地區的紛爭
有可能引發能源危機

看看地圖上從中東地區到日本的**海上航線**⚲，在阿曼和伊朗之間的**荷姆茲海峽**⚲也稱為「石油大動脈」，是重要地點，輸入日本的石油有八成要通過這裡。如果中東地區發生戰爭，無法透過荷姆茲海峽運輸石油，而日本將面臨嚴重的能源問題。無論對世界或日本來說，中東地區的和平都十分重要。

有同伴
就什麼都不怕!

65

「如何避免戰爭」
是日本的生存之道

你們知道為什麼日本在**第二次世界大戰**♀之後，一場戰爭都沒有打過嗎？這是因為在那場戰爭後，日本向世界發表「不再參與戰爭」的宣言。

雖說不打仗，但如果沒有人保衛日本，想得到日本的國家就能輕易地舉兵侵略了，對吧？所以，日本雖然不打仗，但為了保護國家安全，依然設有**自衛隊**♀。

不過，自衛隊只做保衛日本的最低限度準備，如果和軍事上實力強大的中國等國家發生戰爭，將會對日本造成很大的損失，因此，現在的日本需要思考的是「如何避免戰爭」。

同伴多＝容易和平解決事情

你們覺得該如何避免戰爭？答案很簡單，就是「與更多國家建立友好關係」。

只要有很多同伴，就能彌補日本的弱點，所以日本試圖與許多國家結盟，例如日本、美國、澳洲、印度建立**四方安全對話**♀（QUAD），以及與東南亞10個國家組成的**東南亞國家協會**♀（ASEAN，簡稱東協）等，積極與其他國家成為合作夥伴。

此外，日本也在歐洲和中東地區努力增加夥伴。與合作國的關係越親密，日本就越強大，這不正是最和平的武器嗎？

俄羅斯是世界上面積最大、最寒冷的國家。
它在20世紀時曾是世界最大的社會主義國家「蘇聯」，與美國兩大國主導世界，但最後卻解體了。
雖然現在俄羅斯聯邦仍是大國，但是世界的權力關係仍然持續發生變化。接下來讓我們來看看俄羅斯的戰略吧！

俄羅斯的地緣政治

第 **4** 章

俄羅斯聯邦

【國土】1709萬8242平方公里

【首都】莫斯科

【人口】1億4169萬人

【官方語言】俄語

【貨幣】盧布

討厭受到襲擊，因此想先下手爲強打倒敵人。而這導致了無法挽回的後果，也讓它在過去經歷垮台……雖然俄羅斯目前仍以成爲最強國家爲目標，但這條路似乎還十分遙遠。

都是我們的 !!

北極海

北極海

北極是
大家的 !!

加拿大

俄羅斯

美國
（阿拉斯加州）

目前的目標是
相同的…

真不想
還給
日本

GAS

北方四島

太平洋

中國

日本海

日本

俄羅斯
眼中的世界

「想重返過去
『世界最強的蘇聯』
榮光……」!!

俄羅斯以廣闊土地和寒冷氣候為武器

66

北方艦隊

波羅的海艦隊

黑海艦隊

太平洋艦隊

世界上陸地面積最大的
陸權國家

與美國、中國齊名的大國俄羅斯，是擁有世界上最大領土的**陸權國家**♀。俄羅斯位於地緣政治學上「絕對無法攻陷」的心臟地帶，緊臨**北極海**♀，且幅員廣闊，是從亞洲橫跨歐洲的巨大國家。

正因為俄羅斯實力堅強又是最大的陸權國家，在中國變強之前，俄羅斯（前蘇聯）才是和美國對峙的大國。

俄羅斯也隱藏著
海權實力

在陸地上近乎最強的俄羅斯，其實在海上也擁有強大的力量。俄羅斯**太平洋艦隊**♀駐紮在日本附近的海參崴，**黑海艦隊**♀駐紮在烏克蘭的克里米亞半島，**波羅的海艦隊**♀駐紮在俄羅斯的飛地加里寧格勒，**北方艦隊**♀則駐紮在**北極圈**♀附近的莫曼斯克，分別監視著周圍海域。俄羅斯其實也是隱藏著海權實力的國家。

「寒冷的土地」
成為武器

俄羅斯的地緣政治特徵是廣大又寒冷，這點也可說是俄羅斯的武器。

例如：拿破崙率領的法軍以及第二次世界大戰中的德軍，都因為無法戰勝俄羅斯的寒冷氣候而戰敗。利用土地和氣候的陸權實力，是俄羅斯戰略的基礎。

推翻國王，
建立平等的國家

67

9世紀時
由諾曼人建國

在9世紀時，來自**北歐**♀的**諾曼人**♀征服俄羅斯地區，建立名為**諾夫哥羅德**♀的國家。在征服和被征服的過程中開拓出許多國家，18世紀時，**彼得大帝**♀建立**俄羅斯帝國**♀，形成現在巨大的俄羅斯。

全民揭竿而起
「打倒俄羅斯帝國」！

雖然俄羅斯帝國順利地壯大國家，但由於1904年的日俄戰爭和1914年開始的第一次世界大戰等數次戰爭，使國內變得殘破不堪。俄羅斯國民忍無可忍而站出來，打著「打倒俄羅斯皇帝」的口號，建立名為「蘇維埃」的組織，而這股巨大的反抗力量引發1917年推翻俄羅斯皇帝的**俄國革命**♀。

世界上第一個
社會主義國家誕生

推翻俄羅斯皇帝後，這個在俄國革命中與國家抗爭的組織改名為「**蘇維埃社會主義共和國聯邦**♀」（俗稱蘇聯）。蘇聯是世界上第一個以國民選出的政治家為中心，也是第一個主張大家一起工作、平等分享一切的「**社會主義**♀」國家。

征服周邊鄰國，變身強大的國家

我們當朋友吧！

哈薩克

烏茲別克

烏克蘭

俄羅斯

俄羅斯+14國
組成前蘇聯

68

吸收周邊國家，
逐漸壯大的蘇聯

蘇聯成立後，又吸收了周圍國家，逐漸壯大領土。但在那之後，蘇聯開始實行獨裁政治，迫使人民勞動，並沒收人民的財產等，做了許多荒唐的事情。不過，也正因如此，蘇聯的經濟和軍隊才變得十分強大。

兩個對立大國之間
爆發冷戰

看著越來越強大的蘇聯，心想「危險！」的美國，開始考慮在蘇聯更進一步壯大之前阻止它，而蘇聯也展開對抗，兩國在各式各樣的問題上相互對立。
雖然沒有直接開戰，但是美國和蘇聯互相競爭誰能開發出更強大的武器，或者分別支援其他國家武器、發動**代理人戰爭**♀，這就是所謂的**冷戰**♀。

冷戰持續過久，
失去力量的蘇聯

美蘇冷戰持續了44年之久，由於對戰時間太長，蘇聯越來越貧窮。
蘇聯的力量衰弱後，當初被征服的國家陸續從蘇聯獨立。1991年蘇聯解體，變成現在的俄羅斯。俄羅斯第二任總統**弗拉迪米爾‧普丁**♀挽救了俄羅斯的經濟，並再次讓俄羅斯以強國之姿復活。

想擁有不會結冰 的港口……

天氣寒冷有利防禦，
但自己也無法動彈……

俄羅斯是一個寒冷的國家，曾有許多攻打俄羅斯的軍隊困在極寒之地，因動彈不得而戰敗。寒冷的氣候在俄羅斯眼中也是個問題。俄羅斯的港口從秋天就開始結冰，造成船無法出海。無法使用港口，就不能利用船進行貿易，發生戰爭時也無法使用軍艦，因此無論在經濟或軍事上都造成巨大的負面影響。

在過去，俄羅斯更有因為「想要擁有全年不結冰的港口」而侵略他國的歷史。

向南前進！
尋找不會結冰的港口

那麼俄羅斯想要的「不凍港」在哪裡？答案是比俄羅斯更加溫暖的南方。俄羅斯為了尋找不會結冰的港口而向南推進，這個政策稱為「**南下政策** ♀」。

南下政策有三條路徑：通往亞洲日本和朝鮮的路徑；通往阿富汗和印度的路徑；以及通往俄羅斯黑海和波羅的海的路徑。俄羅斯正是沿著這些路徑進攻他國。

南下政策雖然是19世紀的政策，但這些路徑現在依然是俄羅斯進軍世界的道路。接下來，讓我們看看俄羅斯的戰略！

俄羅斯與日本的四島爭奪戰

70

得撫島

國後島

擇捉島

北海道

色丹島

齒舞島

北方四島是誰的？

俄羅斯和日本之間最大的問題是**北方四島主權問題**♀（又稱南千島群島爭議）。**北方四島**♀是由北海道以北的3個島和1個群島組成的地區。這4個島到底隸屬於日本還是俄羅斯，雙方目前還在爭論中。

原本這個區域和更北方的**千島群島**♀（俄羅斯稱為庫里爾群島）屬於日本，但是在第二次世界大戰中日本承認戰敗後，蘇聯找到趁虛而入的「機會」，奪取千島群島跟北方四島中的國後島（俄羅斯稱為庫納施爾島）和擇捉島（俄羅斯稱為伊圖魯普島）。

就在1945年9月2日，全世界都承認日本投降後，蘇聯仍持續攻擊日本，最終更奪取色丹島（俄羅斯稱施科坦島）和齒舞群島（俄羅斯稱哈伯麥群島），而這也關係到後續的北方四島問題。

「千島群島是從哪裡到哪裡？」是爭端的根源

蘇聯發動進攻後，世界多國簽訂**《舊金山和約》**♀。這個條約裡面也提到日本領土，合約寫道「日本放棄千島群島」，但是關鍵的「千島群島是從哪裡到哪裡？」並沒有記載清楚。

因此，現在日本認為：「北方四島不是千島群島，所以是日本的！」俄羅斯也主張「北方四島在千島群島的範圍內」，形成兩國的嚴重問題。而這個問題與地緣政治學也有很深的關係，我們接下來詳細地分析。

絕不歸還北方四島！

北方四島

71

被俄羅斯奪走的
北方四島

北方四島 目前由俄羅斯控制，關於歸還日本的討論雖然一直進行中，但都不太順利，俄羅斯似乎也沒有想要還給日本的跡象。這個問題之所以無法簡單解決，是因為從俄羅斯的角度來看，北方四島是十分重要的地方。

俄羅斯不想讓美國建立基地

試著站在俄羅斯的角度想一想，如果將北方四島還給日本，和日本關係友好的美國就有可能在北方四島建立基地。如果美國順利建立基地，那麼俄羅斯的競爭對手美國就逼近自己國門了。

因此，俄羅斯在討論北方四島問題時，一直試圖得到「美國不在這裡建立基地」的承諾，但日本卻不得不看關係友好的美國臉色。基於這些原因，北方四島的歸還變得更加困難。

由於全球暖化，
「新海上航道」出現

俄羅斯不想放棄北方四島，還有一個重要的原因，那就是受到全球暖化的影響，北極冰層開始融化，過去船隻無法通過的**北極海** 現在已經可以航行，而這條新航道對俄羅斯來說是非常重要的**海上航線** 。為了保護這條海運路線，俄羅斯無論如何都不想讓美國靠近北極附近的北方四島。

曾經的蘇聯成員，會站在哪一邊？

72

波羅的海三國

愛沙尼亞

拉脫維亞

立陶宛

俄羅斯

白俄羅斯

烏克蘭

曾經隸屬於
蘇聯的國家們

前蘇聯國家紛紛獨立，俄羅斯的緩衝區消失

俄羅斯總統普丁曾說，蘇聯解體是「20世紀最大的地緣政治悲劇」。這是為什麼？

蘇聯曾經把許多國家納入自己的陣營，當作自己與歐洲各國的**緩衝區**❓。但是隨著蘇聯解體，過去組成蘇聯的國家也相繼獨立。因此，已經沒有國家可以充當「俄羅斯的盾牌」，俄羅斯也無法像從前那樣安心。

波羅的海三國和白俄羅斯、烏克蘭尤為重要

在前蘇聯的獨立國家中，**波羅的海三國**❓（愛沙尼亞、拉脫維亞、立陶宛）和**白俄羅斯**❓、烏克蘭等5個國家，對俄羅斯來說非常重要，因為這5個國家連接著歐洲與俄羅斯，如果這些國家成為美國的同伴，敵人的威脅就會逼近俄羅斯邊境，如此一來，俄羅斯的行動就等於受到封鎖，這對俄羅斯來說是十分可怕的事情。

關鍵五國，現在是俄羅斯的敵人還是同伴？

那麼現在，對俄羅斯來說關鍵的5個國家又是怎麼想？其實，波羅的海三國在加入以美國為主體的**北約**❓後，已完全與俄羅斯為敵；白俄羅斯則是在俄羅斯的經濟支援下向俄羅斯靠攏。波羅的海三國、白俄羅斯和烏克蘭都有各自複雜的問題，接下來我們會分別進行分析。

比鄰俄羅斯，情勢緊張的波羅的海三國

73

愛沙尼亞

拉脫維亞

立陶宛

俄羅斯
（加里寧格勒）

白俄羅斯

俄羅斯

北約成員國

加入美國和歐洲的波羅的海三國

與俄羅斯相鄰的小國有愛沙尼亞、拉脫維亞和立陶宛，這三個國家合稱為「**波羅的海三國** ♡」。在1990年之前，波羅的海三國曾是蘇聯的一部分，但在蘇聯解體之前，三個國家同時獨立，並且於2004年加入**北約** ♡，成為歐洲和美國的同伴。

戰爭前線的小國們

這三個國家在地緣政治學上十分重要，是防止俄羅斯進攻歐洲的**前線基地** ♡ 之一。其中，愛沙尼亞和拉脫維亞直接與俄羅斯國土相接，當俄羅斯與北約組織國家發生戰爭時，如果不征服這兩國，就無法繼續進攻。而相鄰的立陶宛，也因為位置正好在俄羅斯的飛地加里寧格勒和俄羅斯的同伴**白俄羅斯** ♡ 之間，因此成為最可能先受到俄羅斯攻擊的地方。

阻止俄羅斯擴張的北約組織

加里寧格勒雖然離俄羅斯很遠，但也是俄羅斯的領土，當地設置大量的飛彈、坦克車、軍事設施，甚至還有通往波羅的海的艦隊港口，簡直是個要塞。

據說，如果俄羅斯派出坦克部隊，沿著加里寧格勒與俄羅斯的同伴白俄羅斯之間短短的國界進攻，只需要30個小時就能將立陶宛跟北約組織國家分離。為了防止這件事發生，北約組織也加強了立陶宛的防守。

關係友好的
白俄羅斯和俄羅斯

白俄羅斯，
俄羅斯的好鄰居

白俄羅斯 ♀ 是波羅的海三國之一，也是俄羅斯的鄰國。這裡住著與俄羅斯人相近的白俄羅斯人，當地使用的語言除了白俄羅斯語之外，也有人使用俄語。

因為是獨裁國家，
所以跟美國關係不好

目1994年**亞歷山大・盧卡申科** ♀ 當選白俄羅斯總統後，白俄羅斯就以實行20多年的獨裁政治聞名，因此與厭惡獨裁政治的歐洲和美國關係不好，甚至到了斷交的地步。白俄羅斯雖然與歐洲、美國關係不好，卻由於與俄羅斯的地理與民族性相近，所以兩國在軍事和戰略上經常成為盟友。

白俄羅斯和波蘭是
俄羅斯的緩衝區

白俄羅斯與波蘭、立陶宛以及**北約** ♀ 成員國相鄰，對俄羅斯來說是保衛自己國家的重要「盾牌」。所以，俄羅斯為了不讓歐洲奪走白俄羅斯而拚命努力。而歐洲和美國則認為，如果白俄羅斯跟俄羅斯進犯歐洲，情勢將會非常危險，因此加強白俄羅斯鄰國波蘭的防衛能力。也就是說，白俄羅斯和波蘭是避免俄羅斯與北約組織發生衝突的**緩衝區** ♀。

克里米亞危機

東西分裂的
烏克蘭

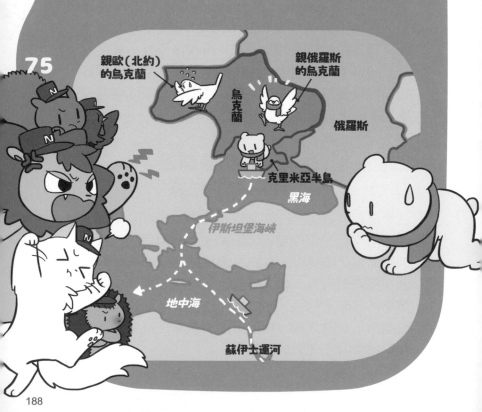

親歐（北約）
的烏克蘭

親俄羅斯
的烏克蘭

烏克蘭

俄羅斯

克里米亞半島

黑海

伊斯坦堡海峽

地中海

蘇伊士運河

75

東西意見分歧的烏克蘭

烏克蘭原本是蘇聯的組成國家之一，後來隨著蘇聯解體而獨立。烏克蘭有個特徵，那就是住在西邊的人大多比較接近歐洲人，而東邊則住著比較多俄羅斯人，同一個國家的人想法卻不同，因此在選舉總統時，親歐派和親俄派的領袖也會交替出現。而對俄羅斯來說，烏克蘭政權不斷更迭是個問題。

戰爭從2014年開始

2014年，俄羅斯奪取烏克蘭領土克里米亞半島，事發地點位於克里米亞半島的塞凡堡港。塞凡堡港是俄羅斯**黑海艦隊** ♀ 可以自由行動的地區，而它所在的克里米亞半島位於黑海，是穿過伊斯坦堡海峽和達達尼爾海峽前往地中海和蘇伊士運河的最佳起點，因此塞凡堡港是俄羅斯無論如何都想得到的港口。

由於俄羅斯強行奪取克里米亞半島，引發烏克蘭內部的親歐派（西部）居民與親俄派（東部）居民之間內戰，這就是所謂的2014年**俄烏戰爭** ♀。俄羅斯認為：「至少要保住克里米亞半島！」於是動用軍隊將克里米亞半島強行併入俄羅斯，此後，俄烏雙方爭鬥不斷，到了2022年，俄羅斯更以「幫助住在烏克蘭的俄羅斯人」為由，開始展開侵略烏克蘭的行動。

俄羅斯 vs NATO 的代理人戰爭

76

親北約派
的烏克蘭

親俄羅斯
派烏克蘭

俄羅斯號稱「為幫助親俄派而進攻」……

2022 年俄羅斯侵略烏克蘭，理由是「烏克蘭在 2014 年開始的內戰中殺害親俄派人士，因此我們是為了幫助他們而入侵的」。但是，它所主張的內戰，其實是俄羅斯為了自己的利益奪取克里米亞半島而引發的戰爭，俄羅斯只是想把自己的行為合理化而已。

俄羅斯侵略烏克蘭 ♀ 的真正原因與蘇聯的解體有很深的關係。蘇聯解體後，獨立的前蘇聯國家陸續加入蘇聯的敵人**北約** ♀。北約是世界上最大的軍事同盟，俄羅斯再怎麼努力也贏不了，如果連俄羅斯的鄰國烏克蘭也加入，就等於和北約組織成為鄰居。因此，俄羅斯想在烏克蘭加入北約組織前先把它納入自己陣營，在北約組織和俄羅斯之間建立烏克蘭這個**緩衝區** ♀。

敵人不只有北約組織！與世界為敵的俄羅斯

當然，俄羅斯這樣的蠻橫行為是不能被原諒的。在烏克蘭侵略事件中，北約組織成員國和日本等許多國家都站在烏克蘭這一方，支援糧食、武器、資金給烏克蘭，以及停止與俄羅斯貿易，並對俄羅斯實施經濟制裁。而俄羅斯也不甘示弱，對北約的歐洲各國和日本實施經濟制裁，更對烏克蘭連日發動攻擊，雖然戰爭的未來尚不可知，但可以確定的是這是一場以烏克蘭為戰場，「俄羅斯對北約組織的**代理人戰爭** ♀」。

因大國介入，敘利亞戰情陷入泥沼

77

反政府軍
（美國）

敘利亞

敘利亞政府軍
（俄羅斯）

阿拉伯國民對任性領導人的不滿爆發！

我們再來看看俄羅斯在中東地區的戰略。俄羅斯為了提高對中東地區的影響力，持續支援**敘利亞內戰**♡。敘利亞內戰的起因是阿拉伯各國為了打倒任性的領導人而舉行的示威。2011 年在非洲一個名為突尼西亞的國家爆發「打倒獨裁政權」的示威，這個抗議行動隨後蔓延至埃及、葉門、利比亞等地區，阿拉伯國家的獨裁政權相繼被推翻，這一系列行動稱為「**阿拉伯之春**♡」。

敘利亞示威演變成美、俄的代理人戰爭

而在敘利亞也發生了大規模示威。當時的總統巴夏爾‧阿塞德試圖用武力鎮壓示威行動，導致國民的憤怒爆發。國民開始拿起武器作戰，所以事態發展成政府軍和反政府軍之間的大型國內爭鬥。在混亂之中，與敘利亞關係密切的俄羅斯開始支援政府軍，而美國則開始支援反政府軍，使得原本單純的內戰變成了「俄羅斯和美國的**代理人戰爭**♡」。

由於大國的自私自利，衝突仍然持續中

如果政府軍獲勝，俄羅斯可以獲得許多利益：①提升在中東地區的影響力；②取得石油；③獲得位在地緣政治學上重要地區的據點。俄羅斯的競爭對手美國想退出中東地區，但又不想見到俄羅斯在中東地區擁有影響力，所以雙方都不願退出敘利亞，讓敘利亞內戰持續了 10 多年。而目前，俄羅斯支持的政府軍占有優勢。

俄羅斯的地下資源

日本其實也想要俄羅斯的地下資源

78

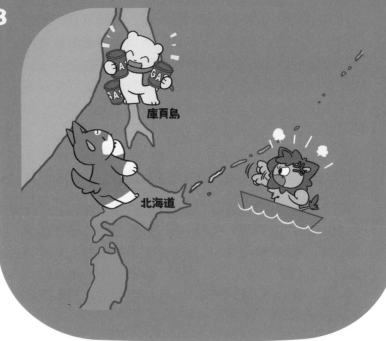

庫頁島

北海道

世界上屈指可數的能源大國俄羅斯

其實，俄羅斯的石油和天然氣產量非常多，石油產量排名世界第三、天然氣產量排名世界第二，是一個能源大國。俄羅斯生產的能源透過輸油管出口到歐洲各國，但由於曾經發生烏克蘭在運送途中祕密開採天然氣等事件，俄羅斯現在已經不再穩定運輸天然氣到歐洲了。

日本是買賣天然氣的最佳對象

「再這樣下去，天然氣就沒辦法賣到歐洲了！」焦急的俄羅斯將目光投向日本，想讓日本購買天然氣，其實這個想法對日本也十分有吸引力。從中東地區用船進口石油需要花很多錢，但從俄羅斯的西伯利亞和庫頁島購買天然氣，就可以直接使用輸油管輸送到日本，不只距離短，途中也不會經過其他國家，所以不會受到阻礙，因此日本也能穩定地進口天然氣，是一個對兩國都有利的方案。

對兩國的好處顯而易見，但……

如果能和既有錢又有技術的日本共同開採能源，俄羅斯就能得救，而日本也能便宜地買到天然氣，對彼此的利益都顯而易見。但是，由於**北方四島**♀的主權爭議、俄羅斯和競爭對手美國之間的不滿，再加上2022年**俄羅斯侵略烏克蘭**♀，俄羅斯的信用一落千丈。由於層出不窮的外交問題，目前能源交易的進展並不順利。

俄羅斯想獨占 北極圈的資源！

79

挪威

冰島

丹麥
(格陵蘭半島)

芬蘭

瑞典

加拿大

這是我的！

北極海

美國

俄羅斯

日本
(北海道)

冰封的北極海融化，
船隻得以通行

近年來，**北極海**♀航線備受關注。而俄羅斯雖然有「海洋結冰時無法出海」的弱點，但實際上，由於地球暖化的影響，當地冰層正逐漸融化中，從前冰封無法通行的北極海，未來也可以乘船通行了。對於緊鄰北極的俄羅斯來說，這條北極海新航線可以不受其他國家干擾直達歐洲，因此俄羅斯十分關注。

北極圈周圍的 8 個國家

北極海是一片汪洋大海，周圍有美國、加拿大、俄羅斯、丹麥（格陵蘭半島）、冰島、挪威、瑞典、芬蘭等 8 個國家，共同組成「**北極圈**♀」。
原先北極海並不屬於任何一個國家，但自從各國發現北極海的航路和資源之後，北極圈周圍的國家紛紛開始主張：「北極海是我的！」

爭奪沉睡著大量資源的北極海

北極海中沉睡著大量的能源，這裡蘊藏著地球上 1/4 尚未發現的石油，還有能滿足全世界 35 年能源需求的天然氣。各國都努力開發這一豐富的能源，特別是有最多國土圍繞北極海的俄羅斯，更在北極海部署軍隊，並宣稱：「北極海是我的！」在寒冷的北極，火熱的競爭正如火如荼地展開。

可望縮短 40% 航行距離的 新海上捷徑

80

北極海航線
約 13000km

荷蘭

俄羅斯

日本

約 21000km

更快！更便宜！更安全！

前面所提到的**北極海** ⚲航線一旦開通，對日本也有許多好處。例如，目前從北海道到荷蘭的**海上航線** ⚲，是向南繞過蘇伊士運河，距離達2萬1000公里，而且路上還有許多危險的海盜。但是如果利用北極海航線，距離將縮短4成，只需要航行1萬3000公里，過程還更安全。如果能快速、安全地航行，費用也相對降低，基於這些優點，日本也十分關注北極海航線。

日本從俄羅斯進口資源變得更方便

如果俄羅斯掌握了沉睡在北極海的資源，也可以販售給日本。目前，日本主要從美國和中東地區購買石油和天然氣，因為兩國距離比較遠，將能源運輸到日本需要花費更多時間和金錢，但是，從俄羅斯進口的距離很近，對日本來說也有許多好處。

俄羅斯與日本的關係也涉及美國

但是，如果日本這麼做，俄羅斯的競爭對手美國肯定會發牢騷，而與美國關係友好的日本當然無法忽視這一點。2022年**俄羅斯侵略烏克蘭** ⚲，日本也十分擔心依賴俄羅斯的海上航線到底是吉是凶。

想和睦相處 卻又無法 完全相信中國

感覺不能相信他…

不會再讓你繼續壯大了…！

有過交惡的時期，
也有過友好的時期

最後，讓我們看一下俄羅斯與21世紀崛起的中國之間的關係。

俄羅斯和中國過去關係交惡，1960年代（蘇聯時期），兩國曾因中蘇國界旁的「**珍寶島**♀」（位於烏蘇里江上，俄羅斯稱為達曼斯基島）主權問題而發生戰爭。但是，最近雙方的關係變得十分友好。它們的關係能發展到這個地步，關鍵正是美國的存在。對俄羅斯和中國來說，美國是共同競爭對手，所以它們才牽手一起對抗美國，這就是地緣政治學上「**敵人的敵人就是朋友**♀」的原則。但在實際上，中、俄兩國並不信任彼此，總是提防著對方。

俄羅斯害怕
日漸壯大的中國

從俄羅斯的角度來看，中國的經濟和人口跟俄羅斯相比都有壓倒性差距，是非常危險的存在，而這樣的國家就位在俄羅斯身邊，更加不能信任，因此有必要在將來某個時機點阻止中國壯大。

俄羅斯正在考慮與日本建立友好關係的作戰計畫，因為日本跟俄羅斯一樣將中國視為競爭對手，如果俄羅斯和日本的關係變好，就能控制中國，也能阻止中國出海。但是，俄羅斯和日本之間有許多領土爭議，加上俄羅斯與美國的關係等需要解決的問題，以及它在2022年侵略烏克蘭等因素，這個計畫目前陷入僵局。

終章

今後的世界

會變成 什麼樣子？

我們從「地緣政治學的基本知識」出發，接著也看了
美國、中國、日本、俄羅斯四個大國的地緣政治策
略。那麼，大家應該很想知道，今後的世界會變得
如何、將來會由哪一個國家掌權，對吧？
最後的章節，我們會介紹最新的技術和武器，
也會總結一些對未來世界的提示。

隨著科技改變的
地緣政治學

82

世界正處於「大混亂時代」

我們在前面以四個國家為中心的章節中已經看到，現在世界上「強國之間的競爭」越來越激烈。如果將來的美國跟現在一樣，依然是最強大的國家，那麼我們還可以放心。但是隨著美國的實力逐漸衰弱，僅靠美國的力量平衡世界局勢已經到達極限。在這種情況下，俄羅斯和中國都覬覦著下一個世界第一的寶座，世界陷入大混亂。在這個時代，我們該怎麼辦才好？

從世界各國的動向中學習

其實，我們可以從許多世界大事中找到線索。例如，2022年俄羅斯不顧全世界的反對入侵烏克蘭，而烏克蘭得到美國和歐洲的支援，正在拚命抵抗。許多國家認為，如果持續支援烏克蘭，俄羅斯可能會因為耗盡體力而放棄進攻。另外，中國試圖取得台灣和沖繩，在2022年8月，中國以軍事演習為名，向日本海域投射飛彈，藉此威脅日本，而美國和歐洲則支持正準備迎擊中國的台灣。

為了避免戰爭，我們不能再只思考「誰能保護我們」，未來的時代，也許要像台灣一樣，思考「如何保護我們所居住的國家」。為此，我們還必須知道「戰爭的最新資訊」，對吧？就如同空戰（空權）是在戰鬥機的發明之下誕生，現在的戰鬥方式，也因最新技術而產生巨大的變化。接下來，讓我們簡單地看一看與過去不同水準的未來戰鬥方式吧！

肉眼看不見
的威脅!
來自海上的攻擊

從看不見的地方發射飛彈

我們來看看使用最新型武器的戰鬥方式。飛彈一般是從陸地發射的，但如此一來就會被衛星和雷達偵測到而暴露行蹤，於是，就有了 **SLBM（潛射彈道飛彈）** ，也就是從潛水艇發射的飛彈。由於潛水艇經常待在深海中，在發動攻擊之前，衛星和雷達無法偵測到，因此可以從看不見的地方發射飛彈。

就算受到攻擊，也可以隨時反擊！

SLBM最大的優點是，即使受到敵人先發攻擊，而造成地面上的基地被破壞，海中的潛水艇也不會受到傷害，可以接著進行反擊。無論我們對敵方造成多大的傷害，還是有可能遭受嚴重反擊，十分可怕。然而，如果擁有SLBM，就能震懾對方，達到讓對方停止攻擊的效果。而潛水艇為了避免被雷達發現，大多需要在遠離陸地的深海中活動，於是就有人開發出能夠長時間潛水的**核動力潛艇**。

SLBM最強的理由

你們可能會想：「就算受到飛彈攻擊，也可以還擊吧？」但是，要將從看不見的地方發射的飛彈擊落，以現代技術來說幾乎是不可能的。更何況，如果在現在的SLBM上搭載核武，其威力足以摧毀整個城市。可以說，中國、北韓和俄羅斯等國所擁有的武器，都堪稱真正「肉眼看不見的威脅」。

無人 vs 無人，
戰爭就像
電動遊戲？

84

因為無人操作，
所以可以安全地偵察敵人

你們聽過「無人機」嗎？最近，受到俄羅斯攻打的烏克蘭軍隊中也使用了這項武器，讓它變得廣為人知。無人機就是「無人駕駛飛機」，是不需要人實際乘坐就能駕駛的飛機。在第二次世界大戰時，無人機的目的是用來衝撞敵人的飛機並將其摧毀，現在則是用於確認敵人的位置，以及監視人無法通行的狹窄區域。

攻擊型無人機的種類越來越多

最近，能夠進行攻擊的無人機也不斷進化。有的能夠從陸地上無法看清的高處投下炸彈；有的裝載槍枝；有的則設置著炸彈撞向敵人飛機，許多配合戰鬥和作戰的「攻擊性無人機」陸續誕生，在戰爭中實際使用的例子也逐漸增加。2019年美國攻擊伊朗時就使用了無人機，2022年俄羅斯入侵烏克蘭時，兩國也各自使用無人機偵察敵人並進行攻擊。

戰爭變得像電動遊戲，
危險程度卻不減反增

今後的戰爭，由於各國開始使用無人機，將可能演變成「無人機戰爭」。雖然戰爭中犧牲的人減少了，但也有人指出，由於無人機上沒有人乘坐，而是透過攝影機來操縱，讓戰爭變得像玩電動遊戲一樣，反而具有更輕易開戰的危險性，令人擔心未來戰爭的危害和生命的珍貴可能遭到輕視。

極音速飛彈、雷射武器

簡直是科幻電影？
難以防守的
現代武器攻擊

85

飛彈最危險的地方在「彈頭」

想像一下飛彈墜落的樣子，大家腦中的畫面，是不是飛彈像一支火箭一樣從天而降？實際上，會墜落到目標地點的只有飛彈最前端稱為「**彈頭**⍰」的部分，而飛彈的其他部位，則是裝載著必要的燃料和機械裝置。飛彈一發射，機體就會一個接著一個地分離，最後只剩最危險的彈頭降落。因為彈頭的體積很小，所以要將從天而降的飛彈擊落十分困難。

遇到飛彈攻擊，該如何防禦？

所謂的「飛彈防禦機制」，簡單地說，就是「用其他飛彈破壞發射過來的飛彈」。

但是，即使是日本優秀的飛彈防禦機制，成功率也不到80％，也就是說，10次的飛彈攻擊中就有2次失守。以現在的技術來說，攔截率100％的飛彈是不存在的，因此目前普遍認為飛彈技術「有利於攻擊者」。

簡直就像科幻電影？
過去無法想像的神奇武器

飛彈技術逐年進步，人們持續研發出新型飛彈，包含一發就能攻擊多個地點的「**多彈頭飛彈**⍰」、從潛水艇發射的「**SLBM（潛射彈道飛彈）**⍰」，以及速度超過5馬赫，能以複雜的軌道飛行，因此更難擊落的「**極音速飛彈**⍰」，還有用於擊落飛彈的**雷射武器**⍰。隨著技術的推陳出新，過去在科幻世界裡看到的武器，也開始出現在現實中。

陸地、海洋、天空 接著是 宇宙爭霸戰

86

宇宙爭霸越演越烈

近年來，爭奪宇宙的戰爭越來越激烈。話雖如此，但爭奪宇宙並不是指各國在宇宙中戰鬥，而是彼此競爭誰能在廣闊的宇宙空間中放置更多的人造衛星和功能強大的電腦。搶奪宇宙的理由和空權一樣，那就是「如果能占據比對手更高的位置，對戰鬥就更加有利」。

接下來的主角是「太空權」

在過去，說到「比對手更高的位置」就是指「天空」，因為掌握天空就能使用飛機監視對手。但是到了現代，從更高的「宇宙」使用衛星觀察敵人動向，已經是理所當然的事情了。美國就認為，繼陸、海、空之後的下一場戰爭將是宇宙爭奪戰，更因此建立「**美國太空軍**♀」，負責管理人造衛星以及監視對手。此外，日本也在2022年創立**宇宙作戰隊**♀。

來自宇宙的情報是關鍵

人造衛星有各式各樣的種類，有能夠監視敵方是否準備發射飛彈的**間諜衛星**♀，也有用於軍事作戰、下達命令和交換情報**軍事衛星**♀，以及使用過智慧型手機的人都很熟悉的**GPS（全球定位系統）**♀，而其他國家的彈道飛彈將會降落在何處等預測資料及情報，也都是由人造衛星傳送到地球。因此，從地緣政治學的角度來看，要在今後的時代中站上更有利的位置，「掌握宇宙」就十分重要。

不受地緣政治影響！最強的電腦攻擊

87

不用武器的資訊攻擊

你們聽過**網路攻擊**💡嗎？簡單來說，就是入侵敵方的伺服器或電腦，竊取或破壞對方的情報及資料。你們可能會覺得這跟直接攻擊對手相比沒什麼效果，但網路攻擊實際上是非常危險的攻擊。

現代國家沒有電腦就無法生存

我們的生活中許多事情都仰賴電腦，國家也是一樣。從電力、水、瓦斯等生活必需品，到警察、軍隊的情報的獲取，全部都仰賴電腦。當國家受到網路攻擊，生活所需的電力和自來水都將無法使用，軍隊的作戰計畫也會全部暴露在敵人面前，如此一來，無論擁有多麼強大的軍隊都毫無意義。在電腦時代，網路攻擊是一種強而有力的武器。

可以無視地緣政治的攻擊

網路攻擊的特徵是「可以在任意時間攻擊任何地方」。實際攻擊他國時需要軍隊或武器，但進行網路攻擊時只需要一台電腦，而且全世界都有電腦，所以也很難找出犯人。過去是利用地緣政治學作戰的時代，也就是善用地利的時代，然而現代的網路攻擊，是過去所無法想像的。但這並不意味著未來地緣政治學會變得毫無意義，因為在國與國之間的爭鬥中，還是有必要考量地緣政治學的觀點。

核武現在已變成古董

「不使用」是最好的使用方法

你們認為核武最有效的使用方法是什麼？其實就是「不要使用」。好不容易擁有了最強的武器，不使用不是很奇怪嗎？但是，如果使用核武，就會遭到「核報復」，也就是「使用核武的國家會遭到全世界的攻擊」。因此，製造核武其實並不是為了使用，而是為了嚇唬對手，讓對方認為：「它說不定會使用核武，到時候就完蛋了！」

日本沒有核武的理由

但是，要讓他國認為「這個國家也許會使用核武」，是非常困難的。尤其日本是歷史上唯一受過核武攻擊的「核受害國」，因此，即使日本擁有核武，其他國家也會認為它「不可能使用」，所以擁有核武事實上沒什麼效果。

核武已經沒用了嗎？

最近，有人正在研究如何摧毀核武的攻擊。2010年，伊朗的核電廠中約8000台裝置遭到破壞，當時的攻擊中使用的是稱為「**震網病毒** ♀」的電腦病毒武器。這個病毒後來才遭揭露是由美國的 **NSA（美國國家安全局）** ♀ 和 **以色列8200部隊** ♀ 共同製作，而能夠使核武失效的武器在10多年前就出現了，據說今後還將研發出在遭到擊中前就能先行引爆核武的技術。核武已經漸漸失去威力，彷彿成為古董。

我們需要
上戰場嗎？

89

「不打仗」是日本的絕對原則

先說結論，日本人不會去打仗。從前日本採用**徵兵制** ♀，因此年輕男性必須參軍，但是在第二次世界大戰中日本輸給美國之後，這個制度就消失了。而且，日本更向世界承諾「不發動戰爭」。這一點在日本最重要的法典「**憲法** ♀」中也有記載，只要憲法不改變，日本就不會發動戰爭。

但是，近年也出現「改寫憲法」的討論，令人擔心未來的發展。不過，即使修改現在的憲法，日本也無法輕易發動戰爭。

現代戰爭是專家之間的智慧較量？

現代的戰爭中使用許多過去沒有的技術，軍事支出也比以往貴上好幾倍。為了應對現在戰爭的需求，各國軍隊必須花費數年的時間進行專業訓練、掌握先進的知識，而且，戰鬥方式與作戰方式也與過去不同，變化越來越多，難度也越來越高。

派遣沒有任何軍事知識的人去參加高難度戰爭是沒有意義的，不僅如此，還有可能會導致其他士兵的犧牲。從日本採行募兵制的角度來看，日本認為現代的戰爭中不是任何人都能有效發揮作用，只有專業人士才能勝任。所以專家以外的人不可能被迫參加戰爭，一般人即使想上戰場也沒辦法。

任何一個國家都無法獨自生存

90

接受「不同的想法」
是邁向和平的第一步

住在世界各國的人，想法都不一樣。世界上有197個國家（截至2022年4月為止），國家一多，想法也就各不相同，例如美國人有美國人的想法；中國人有中國人的想法。重要的是，不要在任何事情上都套用自己國家的思維方式，而是要理解其他國家的想法，這是邁向和平很重要的一步。

互相幫助，也接受幫助

在現代，各國都有許多外國人居住，還有許多只有在外國才能製造的技術、產品和知識湧進我們的國家，正因為如此，我們才能變得富裕，技術也日益進步。相反地，如果我們移居國外，也能利用自己國家的技術幫助外國。即使想法不同，也應該互相幫助，才能維持現在和平的生活。

無論多麼強大的國家，
不互助就無法生存

如同前面談過的，世界各國都是在複雜的關係中相互幫助，無法輕易地區分敵我。一個國家再強大也不可能無所不能，也就是說，地球上的各國就像是命運共同體。因此，最重要的不是「與他國競爭並獲勝」，而是思考該如何「一起變得更繁榮」，而地緣政治學應該可以為我們提供重要的線索。

結語

我第一次接觸地緣政治學，是在高中時。在那個時代，北韓連續向日本發射了7枚名為「大浦洞」的導彈，成為日本國內的熱門話題。在電視上看到這個新聞時，我的心中產生「啊！日本接下來會怎麼樣？北韓為什麼要這麼做？」等疑問。以此為契機，我決定上網查尋世界情勢，但是在網路上搜尋時，卻發現許多陌生的專業術語，加上我完全不了解國與國之間的關係，因此完全無法理解網路上的地緣政治資訊。

就在我心想著「有沒有能更簡單了解世界的方法？」時，我遇到了在當時日本還不普遍的「地緣政治學」。利用地緣政治學的觀點，用看的就能觀察出「將世界視為一個戰場，我們要怎麼讓自己的國家更強大？要如何保護自己？」地緣政治學對我來說，是個不可思議、非常完美、劃時代的工具。

長大成人後，我開始透過地緣政治學配合世界歷史，來學習世界情勢。為了將這個劃時代的工具分享給更多人，也開始在niconico動畫和YouTube等網路平台上展開活動。最近，「地緣政治學」這個詞經常在新聞中出現。但是在很久以前的日本，這是只有專家才會使用的詞彙。與過去相比，地緣政治的概念已經變得十分常見了。

而地緣政治普及的背景，是因為日本所處的環境發生了巨大的變化。中國向海洋擴張、北韓發射導彈和進行核試驗、俄羅斯侵略烏克蘭等等，這些事件從表面上來看似乎對日本沒有什麼影響，

但如果透過地緣政治學來看，就能發現新的觀點。讀完這本書的各位，應該能理解到這些事件幾乎都與日本有很大的關係，對吧？

如今，隨著網路和社群平台的蓬勃發展，任何人都可以輕鬆獲得世界各地人們的意見。雖然這點帶來很多方便，但從另一方面來說，我們也更容易接觸到對特定國家有利的情報和宣傳內容，以及明顯是謊言的假新聞，而許多人卻無條件地相信這些資訊。例如「肆虐全世界的新型冠狀病毒，將會透過5G通信技術的電波傳染」這種令人心想「哪有人會相信？」的假新聞，在海外竟也造成相信該新聞的人縱火燒毀5G基地台的事件。

事實上，透過網路獲取情報已經成為一種武器，最近發生在世界各地的戰爭，也受到「情報戰」的巨大影響，例如有些國家利用社群平台損害敵方國家的形象，或散布假新聞幫助自己在戰爭中取得優勢等。據說甚至也有一些外國人士利用社群平台在日本展開情報戰。

瀏覽所有資訊，從中找出「正確答案是什麼？」是很難的事情。沒有任何知識量的人想要馬上得出正確答案，就像第一天做肌肉訓練的人一下就想完成150公斤的臥推一樣。這是不可能做到的，搞不好還會受傷。

而資訊也是相同的道理，如果接觸網路資訊時，不利用基本知識和自己的獨立思考來審視，最終可能會誤信一些危險的訊息。無論是即將成為大人的讀者，還是網路的初學者，都不要輕易地相

信網路上的情報，一定要事先調查與那些情報相關的基礎知識，有了自己心中的「正確想法」後，再繼續接觸更多的情報。

有孩子的人，不要否定孩子的意見，請尊重自己和孩子的想法，並試著跟孩子進行討論，一起尋找答案。而討論的依據則是「不會改變的情報」，其實這就是「地緣政治學」。

在地緣政治學中學到的「地理條件」，是不會根據人們的思想而改變的。日本不會突然與歐亞大陸緊密相連；俄羅斯的領土也不會突然被分割出一部分並且跑到海上去。將這些無法靠人類輕易改變的知識作為「基礎」，就能拓展視野並正確了解各種情報。如果本書能提供這樣的基礎知識，並且對各位有所幫助就太好了。然

後，請反覆輸入和輸出情報，累積更多的知識。

我相信，日本如果能夠不慌不忙地正確應對今後更加混亂的世界動向，和自己國內所面臨的危機，一定能發展得更好的。

最後，感謝所有在我出版這本書時，持續在YouTube和niconico動畫平台上支持我的各位，以及為我繪製超過100張插圖的ika，還有向我提案並負責編輯這本書的古川有衣子小姐。我想，光憑我一個人是無法完成這本書的。

真的非常感謝為這本書盡心盡力的每個人。

卷末附錄

地緣政治
用語
大解析！

名詞索引

數字·英文

5G
(第五代行動通訊技術)

P.107
相較於4G具有更快的通訊速度、更低的延遲及更大的並發連接數,預計將成爲未來網際網路發展的關鍵技術。

DAPE
(日本自衛隊海盜對應行動派遣航空隊)

P.161
日本海上自衛隊的部隊,負責在吉布地共和國周邊空域巡視並保護日本船隻。

DGPE
(日本自衛隊海盜對應行動派遣支援隊)

P.161
日本海上自衛隊與陸上自衛隊的統合部隊,負責利用船艦進行直接的安全保衛行動。

EEZ
(專屬經濟海域)

P.101
指在不受他國干擾的情況下,可以進行漁業和資源開採等活動的海域,範圍比領海更廣(大約爲領土向外延伸370公里的範圍)。

GPS
(全球定位系統)

P.213
能夠透過GPS衛星發送的訊號得知當前位置的系統。目前已應用於智慧型手機和其他設備。

ICBM
(洲際彈道飛彈)

P.149
是一種遠程飛彈,能從一個大陸發射到另一個大陸,並且無須派遣軍隊就可以直接攻擊敵國。

NSA
(美國國家安全局)

P.217
擔任防止世界戰爭爆發的角色,以利用電子設備進行間諜活動而聞名。

SCO
(上海合作組織)

P.71
以中國和俄羅斯爲核心的組織,雖然主要是在經濟和政治等領域進行合作,但也同時進行軍事訓練,逐漸發展爲軍事同盟。目前只有8個成員國,並且有很多國家希望加入。作爲北約組織潛在的對手,北約國家和日本都對該組織保持警戒。

SLBM
(潛射彈道飛彈)

P.207
一種從水下的潛水艇發射的彈道飛彈。由於潛水艇在海底時難以被定位,無法預測飛彈的發射時間和位置,因此具有很大的威脅性。

一帶一路

P.113/P.115/P.157
中國提出的經濟政策,目的是推動世界依賴中國技術和經濟發展。如果越來越多國家依賴中國,就很難對抗中國的行動,因此對中國有利。

九一一事件
P.61/P.79
2001年9月11日發生於美國紐約的恐怖攻擊事件,當時兩架客機撞向紐約世界貿易中心,造成近3000人死亡,超過2萬5000人受傷。以此事件爲開端,戰爭不再僅限於國與國之間的衝突,世界

進入國家與恐怖主義交戰的時代。

大規模殺傷性武器

P.79

指能夠造成大量人類死傷的武器，包含生物武器、化學武器、核武、放射性武器等4種武器。

大韓帝國

P.109

前身是朝鮮王朝，於1897年脫離清朝統治後獨立，由李朝的高宗即位為帝，建立獨立國家，但是於1910年與日本合併後滅亡。

千島群島

P.179

位於俄羅斯北方四島以北的島嶼，曾經是日本的領土，第二次世界大戰時日本放棄該地區，現在則是俄羅斯的領土。

日美安全保障協議

委員會 (2+2)

P.65

指集結日、美兩國外交與國防首長共同進行協商的會議。在美國之前，日本也曾與歐洲和東南亞國家進行（2+2）會議。

中華人民共和國

P.95

中國的全名，是於1949年由毛澤東發表建國宣言並建立的國家，不僅國土寬闊，人口更多達14億1314萬人（2023年），擁有許多土地相連的鄰國。

中華民國

P.95

台灣的正式名稱。目前世界各國普遍尚未承認台灣是一個國家，所以多以地區名稱而非真正的國名來稱呼台灣。

毛澤東

（1893～1976年）

P.95

中國政治家、中華人民共和國首任共產黨主席，實施獨裁體制，實際上被視為獨裁者。

中國中心主義

P.97

指「中國是世界的中心，是一個偉大國家」的思想，是一種以中國國民為中心的世界觀，認為漢族

是相較於周邊民族更加優秀的族群。

中華人民共和國海警法

P.119

中國於2021年制定的法律，賦予中國海警局執法的權限，並規定「中國可以攻擊或逮捕任何接近中國認定的領海或領土的國家」。日本的領海也在中國海警局認定的領海範圍內。

中印邊境戰爭

P.123

指1959年起中國和印度對於國界劃定產生意見分歧而造成的多次衝突。

文明開化

P.139

指日本明治時代傳入大量外國文化，促成日本生活和制度的快速發展。

日俄戰爭

（1904～1905年）

P.139/P.143

指俄羅斯企圖透過南下政策將朝鮮和滿洲占為己有，而日本試圖阻止俄羅斯所引發的戰爭。日本在戰爭後期的日本海海戰中大獲全勝，戰爭以兩國簽訂《朴資茅斯條約》告終。

太平洋艦隊

P.143/P.171

俄羅斯爲了在太平洋地區作戰而建造的艦隊。是俄羅斯第二強大的艦隊，僅次於俄羅斯北方艦隊。

元日戰爭

P.143

指13世紀元朝（現今的蒙古）以侵略日本爲目的發動的一系列戰爭。其中的文永之役和弘安之役兩場戰役中，日本武士雖然陷入苦戰，但最終成功擊退元軍。

五眼聯盟

P.151

指美國、英國、加拿大、澳洲、紐西蘭等5國組成的組織，目標是互相分享網路情資等機密情報。

五劃

瓦斯科‧達伽馬

（約1469～1524年）

P.33

葡萄牙探險家，是第一個發現歐洲通往印度航線的歐洲人，此發現也是葡萄牙在世界擴展殖民地的契機。

北極海

P.37/P.171/P.181/
P.197/P.199

指以北極爲中心的海域，被歐亞大陸、格陵蘭島、北美大陸所包圍。

尼古拉斯‧斯皮克曼

（1893～1943年）

P.39

美國地緣政治學家、耶魯大學國際關係學教授。他首先提出邊緣地帶理論，並且在飛機發明後提出空權理論。

世界洋

P.41/P.43

指大西洋、太平洋、印度洋等主要的大海洋。地球上約70%是海洋，因此有人認爲「支配海洋就能掌控世界」，這種觀點又稱爲世界洋理論。

代理人戰爭

P.67/P.163/P.175/
P.191/P.193

指大國之間爲了避免直接開戰而演變爲大規模戰爭，改以支援友好國家或組織，代替自己進行作戰。

北大西洋公約組織

（NATO，簡稱北約）

P.67/P.69/
P.71/183/185/187

最初成立目的是爲了壓制德國並保護成員國不受蘇聯侵犯。主要成員包含美國、英國、法國、義大利、德國等歐洲國家，至2023年爲止，共有31個成員國。

白色革命

P.73

穆罕默德－李查‧巴勒維國王實施的歐洲化政策，推動了伊朗的現代化。

古巴危機

P.87

1962年，蘇聯在靠近美國的古巴部署飛彈基地曝光的事件。由於美國本土位於蘇聯核武的射程內，導致美國震怒，美蘇關係陷入緊張狀態，幾乎引發核戰。

四夷

P.97

指古代中國對國家四周異族敵人的稱呼。北狄指的是北方的異族和蒙古；東夷指東邊的朝鮮和日本；西戎指現在的新疆維吾爾自治區；南蠻指東南亞和南歐人。

甲午戰爭

（1894～1895年）

P.139/P.143

1894～1895年間，清朝和日本爲控制朝鮮半島而發生的衝突，因發生於甲

午年而命名。

四方安全對話
(QUAD)

P.157/P.165
由日本、美國、澳洲、印度4個國家組成的對話機制，目標是在保護海上航線的同時對周圍海域施加壓力，防止中國擴張勢力。

北方艦隊

P.171
俄羅斯實力最強的艦隊，負責保衛白海、巴倫支海、北極海等海域。

北極圈

P.171/P.197
指北緯66度33分以北的區域。其周邊的加拿大、美國、丹麥、挪威、俄羅斯、芬蘭、冰島、瑞典等國則稱爲「北極圈國家」。

北歐

P.173
指位於歐洲北部的國家，包含丹麥、瑞典、挪威、芬蘭、冰島等。

弗拉迪米爾·普丁

P.175
俄羅斯現任總統，從2000年起上任。以推動俄羅斯重返偉大的時代爲目標，對世界進行各種暴行，並且在2022年侵略烏克蘭。

北方四島主權問題
P.179
指日本和俄羅斯對於北方四島的主權爭議。北方四島原是日本領土，在第二次世界大戰後的1946年遭俄羅斯（當時的蘇聯）占領，此後日本持續要求歸還主權，而俄羅斯並無回應，因此四島主權問題仍處於膠著狀態。

北方四島

P.179/P.181/P.195
指位於日本北海道北方的國後島、擇捉島、齒舞島、色丹島。日本認爲這4個島屬於日本領土，但此地區實際受到俄羅斯控制。雖然日本一直要求歸還主權，但俄羅斯並未答應。

白俄羅斯

P.183/P.185/P.187
在蘇聯解體後從中獨立的國家。現任總統亞歷山大·盧卡申科是親俄派，因此白俄羅斯實際上是站在俄羅斯的一邊。

以色列8200部隊
P.217
以色列國防軍的情報部隊，集結以色列軍隊的菁英，擁有世界一流的網際網路技術。

地理大發現
P.33
指15～16世紀歐洲人開始航海的時代。有許多原因促使他們航向危險的海域，例如爲了獨立採購香料、造船技術的進步、對亞洲的憧憬等等。最後，歐洲人在世界各地發現許多新海域和新大陸。

伊拉克戰爭
(2003～2011年)

P.39/P.61
2003年以美國爲首的聯軍與伊拉克發生的戰爭。起初聯軍入侵伊拉克的理由是「伊拉克持有核武」，但美國最終並未發現核武，而是推翻海珊政權。隨著美國總統從小布希變換成反對戰爭的歐巴馬，美軍也撤出伊拉克，戰爭宣告結束。據估計，包含平民在內有10萬人犧牲。

多民族國家
P.53
指擁有多個民族的國家。雖然所有民族共同遵守國家法律，不過通常國內也存在歧視和差別待遇等許多問題。

四劃

五劃

六劃

229

西進運動

P.53

指在美洲大陸殖民地時代，英國移民從大西洋一側登陸美洲後，逐漸向尚未開發的太平洋一側拓荒，並且殺害或驅逐美洲西部原住民以開拓領土的過程。

伊斯蘭國

（英文縮寫爲爲IS）

P.61/P.79

建立在伊斯蘭法基礎上的極端組織，旨在保護伊斯蘭教遜尼派，將外國和非遜尼派的勢力視爲敵人，並以恐怖主義和破壞行爲聞名。

伊朗伊斯蘭革命

P.73

以伊朗政治及宗教領袖何梅尼爲中心的伊斯蘭教十二伊瑪目派，爲推翻獨裁政權而發起的革命。隨著巴勒維國王的流亡，何梅尼所領導的革命成功告終。

伊斯蘭教

P.79

世界三大宗教之一，奉行一神論，崇拜唯一眞神阿拉。由領受神啟的先知穆罕默德所創立。

艾奇遜防線

P.81

是一條假想的界線，劃分在日本、沖繩、菲律賓、阿留申群島、台灣、中國和俄羅斯之間。

自衛隊

P.83/P.161/P.165

負責保護日本和平與獨立並維護國家安全的機構。雖然自衛隊經常出現在與戰爭相關的話題中，但在非戰爭時期，自衛隊也參與救災和維護世界和平的活動。不過，許多人認爲自衛隊的存在違反日本憲法。

共產黨（中國）

P.99

中國政治、經濟、軍事等方面的核心政黨，實際上是當今中國的獨裁政黨。

江川英龍

（1801～1855年）

P.135

江戶時代末期的日本人，據說是日本最早的地緣政治學者。主張「要保護日本，必須加強海洋的防禦」，致力於海洋防衛。

西南戰爭

P.137

日本明治時代（西元1877年）發生的內戰，是日本在明治維新時期成立的新政府軍與西鄉隆盛率領的前武士階級（薩摩軍）之間的鬥爭，最後以政府軍的勝利告終，也被稱爲日本最後的內戰。

安倍晉三

P.157

日本政治家，曾擔任第90、96、97、98任日本首相，致力於外交事務和國防安全。安倍前首相的外交努力爲當今世界的安全做出重要貢獻。2022年7月，在奈良市發表演說時中彈身亡。

自由開放的印度—太平洋構想

P.157

由日本前首相安倍晉三所提出的概念，將印度和太平洋視爲一個整體，目標是保護這片海域的自由開放。

多彈頭飛彈

P.211

指帶有多個彈頭的飛彈，一發就可以摧毀相當於彈頭數量的目標，因此成本效益非常高，但是很難製造。

宇宙作戰隊

P.213

日本航空自衛隊於2022年設立的太空監視部隊，負責監視其他國家對日本的衛星的不當行爲，以及調查「太空垃圾」（衛星碎片）和隕石等落地的狀況。與美國不同的是，據

說日本宇宙作戰隊並不進行軍事活動。

七劃

克里斯多福・哥倫布

(1451～1506年)

P.33

探險家及航海家，出生於熱內亞共和國（現義大利）的羊毛紡織工匠家庭。在西班牙女王的支持下，曾進行4次橫跨大西洋的航行，常被視爲發現美洲大陸的代表人物。

冷戰

P.57/P.59/P.67/P.87/P.89/P.141/P.175

指第二次世界大戰結束後，蘇聯陣營和美國陣營之間的衝突，但是並未直接開戰，主要是代理人戰爭和技術競爭，因此稱爲「冷戰」，但當時也是隨時可能爆發熱戰的時代。

防空識別區

P.63

指一國有權要求接近自己領空的飛機出示識別證明的空域，範圍大於領空，因爲飛機是以高速飛行，各國必須在他國飛機進入自己領空範圍之前就開始進行監控。

防線

P.65/P.81/P.111/P.125

由軍隊和武器組成的防守線，目的是保護自己不受敵人傷害並防止敵人靠近。

克里米亞危機

P.71

指2014年俄羅斯以武力併吞烏克蘭克里米亞半島的事件，當時烏克蘭的親俄派前總統亞努科維奇遭罷免，俄羅斯以維持秩序之名在烏克蘭駐兵並趁勢占領克里米亞。

改革開放

P.99

鄧小平於1978年起在中國實施的經濟政策，目的是挽救受毛澤東時代影響而衰退的經濟，引進過去禁止的自由經濟制度，推動中國成長爲經濟強國。

抗日戰爭

P.139/P.145

日本和中國之間的戰爭，戰線以日軍和中國國民革命軍之間發生的盧溝橋事變爲開端不斷擴大。

八劃

制海權

P.27/P.143

指某國擁有在海上自由航行的優勢，代表本國的船可以基於軍事和經濟目的自由航行於特定海域，且不允許競爭對手這麼做。

制空權

P.27

制海權的空中版本，代表在空戰中完全排除敵人的戰鬥機和轟炸機，使本國飛機能夠自由飛行。而在空中具有優勢，不受敵人重大航空攻擊的狀態，稱爲「空中優勢」。

阿爾弗雷德・賽耶・馬漢

P.31

美國海軍將領及戰略研究家，提出許多有關世界洋以及海權的戰略理論。

門羅宣言

P.53

美國前總統門羅在年度國會演說中發表的宣言，呼籲歐美之間「互不干預」，是美國孤立主義的開端。

六劃

七劃

八劃

空權

P.85/P.205/P.213

以空軍為核心的作戰力量，包含在空中戰鬥的能力。從第一次世界大戰起，航空戰力開始應用於戰爭中，而空權也被納入軍事戰略，成為陸權、海權之外的作戰力量。

社會主義

P.99/P.173

相對於個人和企業可以自由經商和擁有財產的資本主義，社會主義主張由國家平等分配財富與資源給全體國民。社會主義的目標是消除資本家和勞工的差別，建立人人都是勞動者、平等且無差別的社會。然而，社會主義也因缺乏競爭而降低了人民工作的意願，造成經濟停滯不前。1922年蘇聯成為世界上第一個社會主義國家，其後許多與蘇聯結盟的社會主義國家也相繼出現。

明朝

P.103/P.145

中國的一個朝代，存在於1368年到1644年，雖然國力強盛，但在蒙古帝國和日本海盜的侵擾下逐漸衰弱，最終受到清朝進攻而滅亡。

波羅的海艦隊

P.143

指俄羅斯部署在波羅的海的艦隊之一，擁有悠久的歷史，曾被譽為「世界最強的艦隊」，但在與日本的戰爭（日俄戰爭）中敗給日本聯合艦隊。

亞洲民主安全之鑽戰略

P.157

日本前首相安倍晉三所提倡的概念，目標是由日本、美國、澳洲、印度等國聯合保護海上航線的安全，後來發展為「自由開放的印度－太平洋構想」和「四方安全對話」（QUAD）。

東南亞國家協會

（ASEAN，簡稱東協）

P.165

由10個東南亞國家所組成的組織，旨在維持東南亞未來的和平、安全、穩定，並且在政治、經濟、社會文化等方面進行合作。

彼得大帝

（1672～1725年）

P.173

俄羅斯皇帝，曾促使17世紀時弱小的俄羅斯發展為歐洲列強之一。他建立俄羅斯第一支海軍，並且在北方戰爭中取得勝利，

留下許多功績。

波羅的海三國

P.183/P.185/P.187

指愛沙尼亞、拉脫維亞和立陶宛3個國家，因鄰近波羅的海而得名，這些國家都是北約成員國，也是北約國與企圖在波羅的海地區擴張勢力的俄羅斯交鋒的緩衝地帶。

亞歷山大・盧卡申科

P.187

白俄羅斯總統，因為在重視自由和人權的歐洲實施獨裁統治，而被稱為「歐洲最後的獨裁者」。

阿拉伯之春

P.193

2011年於突尼西亞爆發的一連串革命運動，影響許多阿拉伯國家推翻獨裁者，轉型為民主國家。也有人認為，阿拉伯之春的傳播與擴散應該是受到社群媒體（SNS）等網路媒體的影響。

九劃

威廉・米切爾

（約1879～1963年）

P.27/P.85

美國軍人，提出繼海權、

陸權之後的新概念：空權。在第二次世界大戰的10多年前就已預測到日本對珍珠港的襲擊。

哈爾福德・約翰・麥金德

(1861～1947年)

P.29

英國地理學家，現代地緣政治學的創始人，曾發表心臟地帶理論和世界島理論。

咽喉點(扼制點)

P.35

指海上航線中的海峽或運河，是至關重要的地點。各國致力於保護和控制海上航線，目的其實正是「爲了保護及控制咽喉點」。

南下政策

P.37/P.177

指俄羅斯的港口在冬天會結冰而無法使用，因此俄羅斯爲了尋找全年不結冰的港口而向南方擴張統治地區的政策。想要往南拓展的俄羅斯與想要阻止俄羅斯擴張的歐洲國家之間經常發生衝突。

俄羅斯侵略烏克蘭

P.39/P.67/P.191

2014年俄羅斯併吞烏克蘭克里米亞半島，引發俄烏戰爭。2022年，俄羅斯再次入侵烏克蘭，造成世界性的危機。

美國獨立戰爭

(1775～1783年)

P.57

指從英國移居到殖民地美國13州的人，爲了從英國獨立而發起的戰爭，最後由殖民地獲勝並於1776年發表《美國獨立宣言》，正式建立美利堅合衆國。

威懾理論

P.59

擁有核武的國家不希望自己的國家遭受核武攻擊，因此不會主動發動核武戰爭。這是當代世界無法放棄核武的主要原因。

美利堅和平

P.61

意思是「美國統治下的和平」，這個想法主張如果世界最強國美國持續保持監控世界的地位，世界就能夠維持和平。

南海人工島礁

P.63

指中國在南海持續的建設人工島嶼和軍事設施。

頁岩氣革命

P.75

頁岩層是一種深層地質結構，過去開採不易，而頁岩氣革命就是指透過從頁岩層開採出能源，引發能源市場的巨大變化。

珍珠鏈

P.125

中國實施的一項戰略，目的是掌控印度周邊國家的港口，防止印度軍隊進入印度洋。

南極條約

P.127

於1961年制定，旨在保護南極地區科學調查自由與和平的條約。根據這個條約，南極並不隸屬於任何國家。

美日同盟

P.153

美國和日本締結的軍事同盟，內容包含美國承諾保障日本安全，而作爲交換條件，美國可以在日本設立基地。

俄羅斯帝國

P.173

建立於1721年，並於1917年滅亡。沙皇時代時在彼得大帝的統治下發展成一個強大的國家。

八劃

俄國革命

P.173

指1905年和1917年發生於俄羅斯帝國的兩次革命，在第一次革命導致立憲主義出現，促使俄羅斯轉變爲承認人民自由的國家；而第二次革命導致俄

九劃

羅斯帝國滅亡，並建立蘇聯。

前線基地

P.185

指發生戰爭時，位在戰場上最接近敵方的基地。例如，俄羅斯和北約國家的前線基地為波蘭和波羅的海三國。

俄烏戰爭

P.189

從2014年開始，烏克蘭政府軍隊和烏克蘭親俄派系在烏克蘭東部部分區域持續衝突，這也被認為是2022年俄羅斯入侵烏克蘭的藉口。

珍寶島

（達曼斯基島）

P.201

位於中國和俄羅斯邊境烏蘇里江上的小島，由於位在中、俄國界上，因此兩國都主張擁有該島主權，但在1991年《中蘇國界東段協定》中確定為中國領土。

美國太空軍

P.213

美國於2019年組建的新軍種，其任務是從地面監視及保護美國的衛星，以及透過衛星監視地面，提供必要的情報支援，並不是派遣軍隊至宇宙。

軍事衛星

P.213

用於軍事目的的衛星，包含監視地面、進行軍事通信、控制情報、監測敵方衛星等各種用途的衛星。

十劃

海權國家

P.31/P.33/P.39/P.43/P.55/P.57/P.83/P.103/P.109/P.133/P.137/P.139/P.143/P.145

指四面環海或是國界大部分位於海岸線的國家。與陸權國家相反，海權國家的商業和軍事活動以海洋為基礎。

海上航線

P.35/P.83/P.105/P.121/P.125/P.127/P.153/P.161/P.181/P.199

指利用船進行貿易或防衛時使用的海上交通路線（航路）。如果海上航線被敵人控制，自己國家的船就無法航行，因此保護航線十分重要。

海峽

P.35

指夾在陸地之間的水域，多為咽喉點（要塞地帶），如荷姆茲海峽、麻六甲海峽。

消滅邊疆

（Closing Of The Frontier）

P.55

美國過去曾將殖民地之外居民稀少的土地定義為「邊疆」，而消滅邊疆指的就是1890年時，美國西進運動（向西邊拓荒並擴張領土）將殖民地邊界推進到達美國西岸，西部邊疆消失，確立美國現今領土的基本範圍。

倭國大亂

P.57

指2世紀下半葉發生在倭國（即日本）的大規模戰爭，範圍遍及全國，最後由勝出的邪馬台國女王卑彌呼統一國家。

航行自由作戰

P.63/P.83

1979年美國提出的政策，主張各國在國際海域應享有自由航行的權利。當某國擅自宣稱某海域為自己的領海時，美軍會在周圍海域航行以表達不承認的立場。

航空母艦

P.85

裝載戰鬥機的大型船艦，戰鬥機可以於航空母艦甲板起降。簡稱為「航

母」。

唐納・川普
(1946年～)

P.107/P.141
美國第45任總統，經營房地產等業的企業家及政治家。他在內政上主張強化移民政策，並且在墨西哥邊境修建圍牆；在外交上則是主張貫徹「美國優先」主義的強硬派。

馬修・卡爾布萊斯・培里
(1794～1858年)

P.139
美國海軍上將，於1853年（江戶時代）日本鎖國並限制對外貿易期間，率領4艘蒸汽軍艦來到日本，以美國使節身分逼迫日本開國。隔年，他又派出9艘軍艦前往日本，與當時的江戶幕府簽訂條約，其中日本承諾「開放下田和函館的港口，並提供燃料、水和食物」(《神奈川條約》)，成為日後美、日締結不平等條約(《美日修好通商條約》)的契機。

旅順要塞

P.143
指過去位於中國遼東半島最前端旅順地區的防禦性軍事設施，經過現代化且堅不可摧，具有重要戰略地位。日本曾在甲午戰爭和日俄戰爭中全力攻打此地點。

核動力潛艇

P.207
以核反應爐為動力來源的潛水艇。可以透過將海水轉化為淡水，再將淡水轉化為氧氣實現長時間的水下航行，並且比普通潛水艇的航行距離更遠。據說世界上目前只有6個國家擁有核動力潛艇。

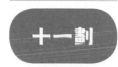

十一劃

第一次世界大戰
(1914～1918年)

P.27/P.85/P.173
發生在以英國、法國、俄羅斯為核心的協約國與以德國、奧地利、義大利為核心的同盟國之間，是一場席捲全球的戰爭。

陸權國家

P.29/P.31/P.33/P.39/P.43/P.55/P.57/P.97/P.103/P.105/P.109/P.143/P.171
指位於大陸上且領土與許多鄰國相連的國家，以陸地為核心進行強大的商業和軍事活動，以此為基礎所建立的優勢力量稱為「陸權」。

第二次世界大戰
(1939～1945年)

P.33/P.67/P.69/P.73/P.83/P.89/P.95/P.103/P.109/P.139/P.141/P.147/P.165
涉及全球最大規模的戰爭，是以日本、德國、義大利為核心的軸心國和以英國、蘇聯、法國、美國為核心的同盟國之間的戰爭，造成慘重的犧牲和傷亡。

荷姆茲海峽

P.35/P.163
指連接波斯灣和阿曼灣的海路，是伊朗、沙烏地阿拉伯等石油生產國運輸貨物的重要海上航線之一。

敘利亞內戰
(2011年～)

P.39/P.193
起因是2011年針對敘利亞總統巴夏爾・阿塞德的抗議活動，示威團體和安全部隊發生衝突，而後演變為由俄羅斯和伊朗支持的阿塞德總統與由美國、沙烏地阿拉伯、土耳其支持的反對派之間的代理人戰爭。

陸緣海

P.43
指受到歐亞大陸周邊半島、群島所包圍的海域，

包含白令海、鄂霍次克海、日本海、東海、南海等，是支配邊緣地帶的關鍵區域，也是影響世界海洋的重要海域。

清教徒
指16世紀末時主張宗教改革的基督新教（喀爾文派）成員。當時英國以根據地位於梵蒂岡的羅馬天主教為正統（也就是英國國教派），而清教徒反對腐敗的羅馬天主教會和神職人員，因此迫使英國國教派改革。這些清教徒主張虔誠信仰和貧窮生活，推動了英國市民階層的革命。

釣魚台列嶼
位於東海南部的島嶼，台灣、日本與中國都主張此地區是自己的領土，彼此為了主權問題爭吵不休。

第七艦隊
讓美國引以為傲、被譽為世界最強大的艦隊，以保護印度洋和太平洋地區為使命，母港位於日本的橫須賀。

清朝

中國的一個朝代，1616年由女真族努爾哈赤在中國東北地區建立。在明朝滅亡後，勢力逐漸擴展到當時的中國全境。

第三次台海危機
指中國為了干擾台灣舉行選舉，反覆在台灣周邊海域進行投放飛彈的訓練，對台灣施加壓力。最後，美國派遣航空母艦向中國施壓，才停止中國的訓練。

第一島鏈
此處指中國的戰略概念，是以日本九州為起點，延伸到沖繩、台灣、菲律賓、南海的中國假想防線。

第二島鏈
是第一島鏈的進階版本，以日本列島為起點，連接日本小笠原群島和關島的戰略線。中國希望能夠控制這條線以內的區域。

十二劃

斐迪南•麥哲倫
（約1480～1521年）

葡萄牙航海家，在南美洲南端發現麥哲倫海峽，也是「太平洋」的命名者，留下許多航海成就，包含完成人類的第一次環遊世界。

越南戰爭
（1955～1975年）

指越南北部和南部為爭奪統治權而展開的戰爭，其中北越受到蘇聯和中國支持，而南越則受美國支持，實際上是一場代理人戰爭，而美國在全世界強烈的反戰呼聲下撤退致使南越軍隊氣勢減弱，最後首都西貢（現胡志明市）淪陷，戰爭結束、南北統一，越南社會主義共和國由此建立。

喬•拜登
（1942年～）

美國第46任總統，因為他所屬的民主黨在美國國會中面對許多川普支持者（共和黨），因此意見很難受到支持而陷入苦戰。此外，他在經濟政策方面也因通貨膨脹等問題導致支持率不斷下降。

黑海艦隊
俄羅斯部署於黑海的艦隊，位於歐洲及亞洲之間，以克里米亞半島的塞

凡堡港為據點，並曾在2022年俄羅斯入侵烏克蘭期間發動攻擊。

黑船
P.139
指江戶時代末期（1850年代）由美國提督率領前往日本的蒸汽船，此事件在日本歷史上非常著名，然而，實際上日本自古以來就稱來自外國的大型船隻（帆船）為「黑船」。

壹岐島
P.148
位於日本長崎縣的島嶼，曾在元日戰爭中受到重大侵略導致日軍全軍覆沒。

間諜衛星
P.213
指利用長焦鏡頭和電波監視地面，並傳送資訊到地面基地的一種軍事衛星，可以幫助蒐集情報，在現代戰爭中具有重要地位。

運河
P.35
為了方便船隻航行而建造的人工水道，除了人造的運河，也有利用現有河川的運河。

聖地耶路撒冷
P.47
以色列的城市，是世界上最古老的城市之一，也是基督教、猶太教、伊斯蘭教的聖地，自古以來都是陸地運輸的樞紐，因此在地緣政治學上具有重要地位。

詹姆斯・門羅
（1758～1831年）
P.53
美國第5任總統，他提出的政策影響了美國現在的基本外交方針。

雷曼兄弟事件
P.61
指2009年美國投資銀行雷曼兄弟破產，引發有關企業相繼倒閉的事件。而與倒閉的美國企業相關的全球公司與許多國家都受到嚴重影響，是後續全球經濟蕭條的起因。

盟國
P.67
指具有相同想法和共同競爭對手，並約定彼此合作以促進國防及發展的國家。

債務陷阱外交
P.113/P.115
中國採取的一種策略，透過向貧窮國家提供巨額貸款，當對方無法償還時，中國就獲得該國港口、鐵路等設施的控制權。在這個策略下，目前世界上有許多國家與中國有債務關係。

源平合戰
P.137
發生於12世紀的日本戰爭，是日本平家和源家兩大家族之間的鬥爭。最後，由源家獲勝並建立鎌倉幕府。

萬曆朝鮮之役
（1592年～1597年）
P.145
指豐臣秀吉攻打朝鮮的戰爭，但實際上是日本與支援朝鮮的明朝之間的戰爭，其中日本雖然曾兩次出兵（文祿之役及慶長之役），但由於豐臣秀吉在戰爭期間死亡，戰爭至此結束。

極音速飛彈
P.211
新型武器，與彈道飛彈的不同在於，極音速飛彈的速度超過5馬赫，以不規則的軌道飛行，因此很難偵測和攔截。中國與俄羅斯都已實戰部署這項武器。

雷射武器
P.211
指利用集中的高能雷射光

束對目標發射的武器，成本低但威力強大，不過可能受天氣影響（雷、雨、霧、雪等）而造成光線折射，導致無法擊中目標。

對馬島

P.143

隸屬於日本長崎縣，鄰近日本鄰國的島嶼，經歷東夷入侵北九州、元日戰爭、波薩德尼克號事件等，自古以來長期受到來自外國的壓力，至今仍面臨許多問題。

網路攻擊

P.215

指利用電腦對目標傳送惡意數據和病毒以破壞敵方電腦的攻擊行為。由於大部分的現代基礎設施系統和軍事設備都是由電腦操控，因此網路攻擊對已開發國家來說儼然是致命的攻擊。

緩衝區

P.45/P.81/P.119/P.183/P.191

指夾在大國之間的國家。當周邊大國的想法相互矛盾時，緩衝區就容易發生衝突。

魯霍拉·穆薩維·何梅尼

（1902～1989年）

P.73

前伊朗最高領袖，奠定現代伊朗的基礎，曾透過革命推翻伊朗的巴勒維獨裁政權，建立伊斯蘭共和制。

蔣中正

（1887～1975年）

P.95

台灣第一任總統，原先是中國的元首，但在與毛澤東領導的中國共產黨的戰爭中戰敗，逃亡到現今的台灣並建立中華民國。

鄭和

P.103/P.121

中國明朝時期的宦官，曾在明成祖的支持下進行從東南亞抵達印度洋、阿拉伯海的大規模航行。

敵人的敵人就是朋友

P.201

當競爭國家出現時，選擇與和競爭對手交惡的國家合作並共同戰鬥的思考模式，也是地緣政治學的原則之一。

彈頭

P.211

指飛彈前端的部分，而彈頭以外的部分則裝載燃料和電子零件等，是運送彈頭的運輸裝置，因此掉落在目標的只有飛彈的彈頭。

震網病毒

P.217

指2010年發生的網路攻擊中所使用的電腦病毒，曾導致伊朗核電廠設施內的8400台離心機受到破壞。

徵兵制

P.219

指法律規定國民有義務參軍，以提高軍隊力量及增加士兵數量的制度。日本於1946年廢止徵兵制。

穆罕默德－李查·巴勒維

（1919～1980年）

P.73

前伊朗國王，與美國關係密切，並且曾以獨裁體制實現伊朗的現代化，但因為國內貧富差距擴大而被革命推翻。

諾曼人

P.173

原本住在斯堪地那維亞半島和波羅的海沿岸的北方日耳曼人,大約於9世紀時進行大遷徙,在歐洲各地相繼建立國家。

諾夫哥羅德

P.173

位於俄羅斯西北部的城市,原先居住著其他民族,後來被羅斯人征服,成爲基輔羅斯,是俄羅斯的起源。

憲法

(日本憲法)

P.219

日本位階最高的法律,旨在維護日本國民的權利和自由。有別於大多數法律是以規則約束國民,憲法則是爲了保護國民而約束國家權力,以保障相對弱勢的個人權利。

韓戰

P.39/P.109

發生在位於朝鮮半島北部的北韓和南部的南韓之間,雙方爲爭奪朝鮮半島主權而引發的戰爭,開戰起因是北韓入侵南韓。

其中北韓受到蘇聯和中國支持,而南韓則受到美國支持,演變爲與越戰相似的代理人戰爭。雖然雙方已休戰,但北韓和南韓仍然維持各自獨立。

離岸制衡

P.89

一種戰略概念,指利用近海地區監控國際局勢。一旦發現可能成爲敵人的國家,就與該國的競爭對手聯合,以先發制人的戰略削弱敵國氣勢。

鎖國(日本)

P.137/P.139

指日本在1639年到1854年這200年間實施的限制對外貿易政策。日本雖然知道外國貿易和外來文化十分珍貴,但同時又擔心基督教傳入日本,因此實施這項政策。

豐臣秀吉

(1537～1598年)

P.145

於日本戰國時代統一天下,制定刀狩令和身分制度等規定,並且在萬曆朝鮮之役中向朝鮮出兵。

舊金山和約

P.179

日本於1951年與48個第二次世界大戰同盟國簽訂的條約。此條約結束了日本的戰爭狀態並確定日本的領土範圍。

邊緣地帶

P.39/P.43

指歐亞大陸中部(心臟地帶)周邊的地區,包含西北歐到中東地區、印度、東南亞、朝鮮半島。由於邊緣地帶位在陸權國和海權國之間,因此當兩邊國家意見相左時容易發生衝突。

蘇維埃社會主義共和國聯邦

(簡稱蘇聯)

P.173

1922年由領導俄羅斯革命的列寧爲中心建立的國家,簡稱「蘇聯」,於1991年解體。蘇聯曾擁有世界頂尖的技術和經濟實力,被認爲是20世紀最主要

十三劃
十四劃
十五劃
十六劃
十七劃
十八劃
十九劃
二十劃

國家之一。蘇聯解體後成
爲現今的俄羅斯聯邦。

權力平衡

P.59

是一種地緣政治概念，指
避免在國際政治中建立
主導力量，而是維持各國
權力關係的平衡以避免
紛爭。

鑽石鏈

P.125

印度所實施的戰略，目標
是在中國的珍珠鏈之外
建立印度可以到達的據
點，重新包圍中國。